25me Anniversaire
de
Fondation
1878-1903

DEUXIÈME

Congrès International

des

Associations d'Anciens Élèves

des

ÉCOLES SUPÉRIEURES de COMMERCE

de France & de l'Étranger

TENU A ROUEN LES 16, 17 & 18 JUILLET 1903

Salle des Tableaux de la Chambre de Commerce

(Palais de la Bourse)

RAPPORTS, DISCUSSIONS TRAVAUX & RÉSOLUTIONS du CONGRÈS

Publiés sous la Direction de
MM. G. LE MERCIER & W. CLAMAGERAN
Secrétaires du Congrès

Prix : 3 francs

ROUEN
Au Siège de l'Asssociation, 9, rue de l'Avalasse
1903

2me CONGRÈS INTERNATIONAL

DES

ASSOCIATIONS D'ANCIENS ÉLÈVES

DES ÉCOLES SUPÉRIEURES DE COMMERCE

DE FRANCE ET DE L'ÉTRANGER

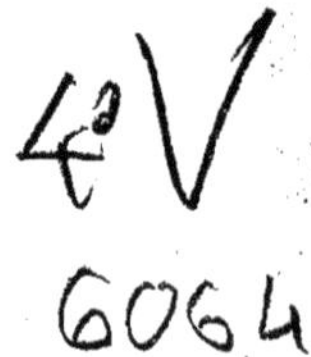

25me Anniversaire
de
Fondation
1878-1903

DEUXIÈME

Congrès International

des

Associations d'Anciens Élèves

des

ÉCOLES SUPÉRIEURES de COMMERCE

de France & de l'Étranger

TENU A ROUEN LES 16, 17 & 18 JUILLET 1903

Salle des Tableaux de la Chambre de Commerce

(Palais de la Bourse)

RAPPORTS, DISCUSSIONS
TRAVAUX & RÉSOLUTIONS du CONGRÈS

Publiés sous la Direction de

MM. G. LE MERCIER & W. CLAMAGERAN

Secrétaires du Congrès

ROUEN

Au Siège de l'Asssociation, 9, rue de l'Avalasse

1903

BUREAU DU CONGRÈS

Président :

M. Ch. LEFAI, président de l'Association des Anciens Elèves des Ecoles Supérieures de Commerce et d'Industrie de Rouen.

Vice-Présidents :

MM. H. GRANSIRE, vice-président de l'Association.

Jacques SIEGFRIED, président de l'Union des Associations des Anciens Elèves des Ecoles Supérieures de Commerce reconnues par l'Etat.

L. KREUTZER, professeur à l'Académie Commerciale de Budapest, représentant le Gouvernement Hongrois.

J. HAEMERS, consul de Belgique, représentant le Gouvernement Belge.

Otto BJELKE, délégué de l'Université de Christiania, représentant le Gouvernement Norwégien.

Secrétaires :

MM. G. LE MERCIER, secrétaire de l'Association.

W. CLAMAGERAN, membre de l'Association.

Trésorier :

M. L. LENORMAND, trésorier de l'Association.

Sténographe du Congrès :

M. L. FEUILLET, président du Cercle Sténographique Rouennais.

COMITÉ DE PATRONAGE

PRÉSIDENT D'HONNEUR

M. Gustave Roy, ancien président de la Chambre de Commerce de Paris, président de la Commission permanente des Congrès.

VICE-PRÉSIDENT D'HONNEUR

M. Jacques Siegfried, membre du Conseil Supérieur de l'Enseignement Technique, président de l'Union des Associations des Anciens Élèves des Écoles Supérieures de Commerce reconnues par l'État.

MEMBRES

MM.

Aynard, Député du Rhône, président du Conseil d'Administration de l'École Supérieure de Commerce de Lyon.

Balenzano, Sénateur, président du Conseil d'Administration de l'École Supérieure de Commerce de Bari (Italie).

Blanc, président de l'Association des Anciens Elèves de l'Ecole Supérieure de Commerce de Marseille.

Boulnois, directeur de l'Ecole Supérieure de Commerce de Rouen.

Cantagrel, directeur de l'Ecole Supérieure de Commerce de Paris.

Carabellese, président de l'Association des Anciens Elèves de l'École Supérieure de Commerce de Bari (Italie).

Castan, président du Conseil d'Administration de l'Ecole Supérieure de Commerce d'Alger.

Combes, directeur de l'Ecole Supérieure de Commerce de Marseille.

Collot-Laurent, président du Conseil d'Administration de l'Ecole Supérieure de Commerce de Dijon.

Dany, directeur de l'Ecole Supérieure de Commerce du Havre.

MM.

Deffès (Albert), président du Conseil d'Administration de l'Ecole Supérieure de Commerce de Toulouse.

Dufour (Charles), président de l'Association des Anciens Elèves de l'École Supérieure de Commerce de Genève.

Eissen-Piat, membre de la Commission permanente des Congrès.

Faucheur, président du Conseil d'Administration de l'Ecole Supérieure de Commerce de Lille.

Faure (Emmanuel), président de l'Association des Anciens Elèves de l'École Supérieure de Commerce de Bordeaux.

Feltz, président de l'Association des Anciens Elèves de l'Ecole Supérieure de Commerce de Nancy.

Féraud (Augustin), président du Conseil d'Administration de l'Ecole Supérieure de Commerce de Marseille.

Fivat, directeur de l'Ecole Supérieure de Commerce de Genève.

Fleury, directeur de l'Ecole Supérieure de Commerce d'Alger.

Fortin (Gabriel), président de l'Union Amicale des Anciens Elèves de l'Ecole Supérieure de Commerce de Paris.

Fourcade, directeur de l'Ecole Supérieure de Commerce de Toulouse.

Gadeault, directeur de l'Ecole Supérieure de Commerce de Dijon.

Garnier, président du Conseil d'Administration de l'Ecole Supérieure de Commerce de Paris.

Gervais, président du Conseil d'Administration de l'Ecole Supérieure de Commerce de Montpellier.

Govin, directeur de l'Ecole Supérieure de Commerce de Nancy.

Grandgaignage, directeur de l'Institut Supérieur de Commerce d'Anvers.

Hiilsmann, directeur de l'Ecole Supérieure de Commerce d'Amsterdam.

Jéger, président de l'Association des Anciens Elèves de l'École Supérieure de Commerce du Havre.

MM.

JOURDAN, directeur de l'Ecole des Hautes Études Commerciales, membre du Conseil Supérieur de l'Enseignement Technique.

KLEIN, directeur de l'Institut Commercial de Paris.

LANZONI, président de l'Association des Anciens Elèves de l'Ecole Supérieure de Commerce de Venise.

LEBLOND, Maire de Rouen, président du Conseil d'Administration de l'Ecole Supérieure de Commerce de Rouen.

LOURDELET, président du Conseil d'Administration de l'Institut Commercial de Paris.

MANÈS, directeur de l'Ecole Supérieure de Commerce de Bordeaux.

MASSA, directeur de l'Ecole Supérieure de Commerce de Bari (Italie).

MENIER, directeur de l'Ecole Supérieure de Commerce de Nantes.

PAPADOPOLI, Sénateur, président du Conseil d'Administration de l'Ecole Supérieure de Commerce de Venise.

PARIS, directeur de l'Ecole Commerciale de l'avenue Trudaine, Paris.

PARIS (E.), président de l'Association des Anciens Elèves de l'Institut Commercial.

PASCOLATO, Député, directeur de l'Ecole Supérieure de Commerce de Venise.

PENOT (Saint-Cyr), directeur de l'Ecole Supérieure de Commerce de Lyon.

PETIT-DUTAILLIS, directeur de l'Ecole Supérieure de Commerce de Lille.

PETIT (Guillaume), président du Conseil d'Administration de l'Ecole Supérieure de Commerce du Havre.

PIGUET-FAGES, président du Conseil d'Administration de l'Ecole Supérieure de Commerce de Genève.

POZZY, président du Conseil d'Administration de l'Ecole des Hautes Etudes Commerciales.

MM.

QUESNEL, directeur de l'Ecole Supérieure de Commerce de Montpellier.

RENOUARD (Alfred), membre de la Commission permanente des Congrès.

ROUSSELOT, président de l'Association des Anciens Elèves de l'Ecole des Hautes Etudes Commerciales.

SAMAZEUILH, président du Conseil d'Administration de l'Ecole Supérieure de Commerce de Bordeaux.

SARRADIN, président du Conseil d'Administration de l'Ecole Supérieure de Commerce de Nantes.

SAULT, membre de la Commission permanente des Congrès.

Le Docteur STEGEMANN, président de la Société Internationale pour le développement de l'Enseignement Commercial, Brunswick (Allemagne).

TESTENOIRE, président de l'Association des Anciens Elèves de l'Ecole Supérieure de Commerce de Lyon.

THIRIEZ, président de l'Association des Anciens Elèves de l'Ecole Supérieure de Commerce de Lille.

Le Docteur VAN SCHEVICHAVEN, président de l'Association des Anciens Elèves de l'Ecole Supérieure de Commerce d'Amsterdam.

VAN PEBORGH, président de l'Association des Anciens Elèves de l'Institut Supérieur de Commerce d'Anvers.

VAN RYSWYCK, Bourgmestre d'Anvers, président du Conseil d'Administration de l'Institut Supérieur de Commerce d'Anvers.

VIGOUROUX, président de l'Association des Anciens Elèves de l'Ecole Supérieure de Commerce de Montpellier.

Le Président du Conseil d'Administration de l'Ecole Supérieure de Commerce de Nancy.

Le Président de l'Association des Anciens Elèves de l'Ecole Supérieure de Commerce de Tokio.

PROGRAMME DU CONGRÈS

JOURNÉE DU 16 JUILLET

DIX HEURES ET DEMIE

Séance solennelle d'ouverture ;
Formation du Bureau;
Lecture du procès-verbal de la Séance du 21 juillet 1900.
Distribution des Rapports.

TROIS HEURES

Première Séance, sous la présidence de M. Jacques SIEGFRIED, membre du Conseil Supérieur de l'Enseignement Technique, président de l'Union des Associations des Anciens Elèves des Ecoles Supérieures de Commerce reconnues par l'Etat.

Présentation et Discussion des Rapports.

MM. A. PATHIER (Ecole de Paris). Organisation du placement des Elèves, résultats obtenus, statistique du placement par Association.

H. LAHENS (Ecole de Nancy). De l'utilité des Conférences par les Membres des Associations et leur organisation pratique.

A. BOULNOIS, directeur de l'Ecole Supérieure de Commerce de Rouen. Rapport concernant l'utilité des Conférences faites aux Elèves en cours d'études par les Membres des Associations.

JOURNÉE DU 17 JUILLET

NEUF HEURES DU MATIN

Deuxième Séance, sous la présidence de M. GIROD, inspecteur départemental de l'Enseignement Technique, délégué de M. le Ministre du Commerce.

Présentation et Discussion des Rapports.

MM. W. CLAMAGERAN (Ecole de Rouen). Rôle des Associations au point de vue de l'Etude des questions générales du Commerce.

E. HENRY (Institut Commercial). Des rapports entre les Membres des diverses Associations résidant dans une même localité. Réunions, remises, Groupes Locaux, Régionnaux et Internationaux.

G. LE MERCIER (Ecole de Rouen). Le Service des remises à l'Association de Rouen. De la nécessité d'une entente entre les Associations. De l'organisation des Groupes.

UNE HEURE ET DEMIE

Visite à l'Ecole Supérieure de Commerce.

DEUX HEURES

Visites industrielles.

1er Groupe. Filature de coton. MM. DELAPORTE, Maromme. Manufacture d'Indiennes. M. BESSELIÈVRE, Maromme.

2e Groupe. Filature et Tissage de coton, SOCIÉTÉ COTONNIÈRE de Saint-Etienne-du-Rouvray.

NEUF HEURES DU SOIR

Réception offerte par la Municipalité de Rouen, dans les Salons de l'Hôtel-de-Ville, en l'honneur des Membres du Congrès.

JOURNÉE DU 18 JUILLET

NEUF HEURES DU MATIN

Troisième et dernière Séance, sous la présidence de M. Ch. Lefai, président de l'Association des Anciens Elèves des Ecoles Supérieures de Commerce et d'Industrie de Rouen, président du Congrès.

Présentation et Discussion des Rapports.

MM. Jeanne-Julien (H. E. C.). Participation des Associations aux Congrès d'Enseignement Commercial et aux Conseils officiels de l'Enseignement Technique.

DIX HEURES ET DEMIE

Excursion à Jumièges.

SEPT HEURES ET DEMIE DU SOIR

Dans les Salons du Grand Hôtel de France, grand banquet, sous la présidence de M. Girod, inspecteur départemental de l'Enseignement Technique, chevalier de la Légion d'honneur, délégué de M. le Ministre du Commerce.

NOTABILITÉS & MEMBRES AYANT PRIS PART AU CONGRÈS

MM.

ANGOT (M.), Maison Vigneron d'Heucqueville, droguerie, produits chimiques, à Rouen.

BALAY (Jean), directeur d'assurance, secrétaire de l'Association de Lyon, 13, rue Sainte-Hélène, Lyon.

BAYART (Ernest), 116, boulevard d'Armentières, Roubaix.

BEAURAIN (Georges), voyageur de commerce, 8, rue de la Madeleine, Rouen.

BJELKE (Otto), négociant en bois, Marseille, délégué de l'Université Commerciale de Christiania (Norwège), représentant le Gouvernement Norvégien.

BLIGNY (Joseph), de la Maison G. Thuillier et J. Bligny, ingénieurs-représentants, 20, rue du Louvre, Paris.

BLONDEL (Elie), 364, route de Dieppe, Déville-lès-Rouen.

BOILEUX (Germain), 21, Petite-Place, Arras.

BOISSIÈRE, membre du Conseil Municipal de Rouen.

BOKANOWSKY (Maurice), avocat à la Cour d'Appel de Paris, délégué de l'Association de Marseille, 42, rue des Ecoles, Paris.

BOSSU (H.), commissionnaire en grains, 5, rue Coq-Héron, Paris.

BOULNOIS (A), directeur de l'Ecole Supérieure de Commerce de Rouen.

BOURRIENNE (G.), architecte, 19, rue aux Juifs, Rouen.

BRIOIS, professeur à l'Ecole Supérieure de Commerce de Rouen.

BROUSSAT (Maurice), 7, rue Faidherbe, Lille.

MM.

Canonville-Deslys, président de la Société Normande de Géographie.

Chardin (Louis), 28, boulevard Gambetta, Rouen.

Charlier (R.), 41, rue du Champ-des-Oiseaux, Rouen.

Chatel (Maurice), négociant, au Havre, vice-président de l'Association du Havre.

Clamageran (W.), de la Maison Paul Clamageran et fils, transports maritimes, 4 bis, rue de Fontenelle, Rouen.

Conches, rédacteur au *Journal de Rouen*.

Crépelle (Jean), Maison Crépelle et Garand, constructeurs-mécaniciens, 50, rue de Valenciennes, Lille.

Cuvelier, Haubourdin (Nord).

Decréquy (Paul), 9, rue Bouquet, Rouen.

Defougy (R.), 19, quai de la Bourse, Rouen.

Déhais (Joseph), manufacturier, Oissel (Seine-Inférieure).

Delamare (André), 3, rue de Crimée, Mont-Saint-Aignan, près Rouen.

Delaporte (Frédéric), filateur de coton, Maromme près Rouen.

Delarue (J.), directeur honoraire de l'Ecole Primaire Supérieure et Professionnelle de Rouen,, à Grand-Couronne (Seine-Inférieure).

Deleau (Paul), avocat-agréé près le Tribunal de Commerce, professeur à l'Ecole Supérieure de Commerce, 37 b, rue Nationale, Rouen.

Deleau (Robert), 20, rue Nationale, Rouen.

Demesmay (Louis), courtier en cotons, délégué de l'Association de Lille, rue Thiers, Lille.

Denomaison, président du Tribunal de Commerce de Rouen.

Duchemin (Raoul), vice-consul d'Autriche, adjoint au maire de Rouen, 3, rue de Fontenelle, Rouen.

Dumont (Maurice), manufacturier, chemin des Noyers, Rouen.

MM.

Duthil (Gaston), courtier, 22 bis, rampe Saint-Hilaire, Rouen.

Faure (Emmanuel), négociant, conseiller du Commerce Extérieur, président de l'Association de Bordeaux, 103, rue Jean-Soula, Bordeaux.

Feuillet (Louis), président du Cercle Sténographique Rouennais, professeur à l'Ecole Supérieure de Commerce de Rouen, à Blainville-Crevon (Seine-Inférieure).

Fichet (Léonce), directeur départemental de la « Mutual Life », juge au Tribunal de Commerce, 14, rue Dulong, Rouen.

Fosse, préfet de la Seine-Inférieure.

Foucquier (Amédée), agent-général de la Compagnie des Mines d'Aniche, 50, rue de la Victoire, Paris.

Franck (Louis), 14, rue de la Promenade, Asnières (Seine).

Gillier (Léon), négociant, 73, rue de la République, Rouen.

Girod (Félicien), inspecteur départemental de l'Enseignement Technique, délégué du Ministre du Commerce.

Goupil (Maurice), 2, rue de la Corderie, Rouen.

Gransire (Henri), ingénieur à la Compagnie du Gaz des Emmurées, vice-président de l'Association de Rouen, 13, rue Tous-Vents.

Grille (Jules), avocat à la Cour d'Appel de Rouen, 3, rue Chasselièvre, Rouen.

Guilbert (Paul), tissus, 13, rue Louis-Auber, Rouen.

Haemers, consul de Belgique à Rouen, représentant le Gouvernement Belge.

Haraucourt, professeur au Lycée Corneille, Rouen.

Harel (Robert), manufacturier, Perriers-sur-Andelle (Eure).

Héduit, membre de la Chambre de Commerce de Rouen.

Houzard, adjoint au maire de Rouen.

MM.

Jeanne-Julien (A.), directeur de la Compagnie Générale d'Eaux-Minérales et de Bains de Mer, 17, rue Faraday, Paris.

Jeunet (Henry), fils, négociant en vins, Rully (Saône-et-Loire).

Jourdan, professeur à l'Ecole Supérieure de Commerce de Rouen.

Kreutzer (Léopold), professeur à l'Académie Commerciale de Budapest, représentant le Gouvernement Hongrois.

Lahens (Henri), délégué de l'Association de Nancy, 35, rue Saint-Germain, Paris.

Lambard (Robert), manufacturier à Bapeaume-Déville, près Rouen; domicile particulier, 16, rue Saint-André, Rouen.

Lamy, constructeur-mécanicien, 66, rue d'Elbeuf, Rouen.

Lanquepin, courtier maritime, Rouen.

Lebigre (Marcel), Neauphle-le-Vieux (Seine-et-Oise).

Leboucher (René), 3, rue d'Herbouville.

Lecaplain, directeur de l'Ecole des Sciences et des Lettres de Rouen.

Lefai (Charles), président de l'Association de Rouen, 69, boulevard Beauvoisine, Rouen.

Lefrançois (A.), 5, rue d'Harcourt, Rouen.

Lemaitre (Ivan), manufacturier à Alizay, par Pont-de-l'Arche (Eure).

Lemaitre (Marcel), courtier, 30, rue Saint-Nicolas, Rouen.

Le Mercier (Georges), professeur à l'Ecole Supérieure de Commerce, secrétaire de l'Association de Rouen, 9, rue de la République, Rouen.

Lenormand (Léon), courtier assermenté, près le Tribunal de Commerce de Rouen, trésorier de l'Association, 50, rue de la République, Rouen.

Leroux (J.), manufacturier, juge au Tribunal de Commerce de Rouen, 19, rue du Renard, Rouen.

MM.

Le Roy (J.), 6, rue de la Bergère, Saint-Omer.

Lespierre (A.), commandant de port, professeur à l'Ecole Supérieure de Commerce de Rouen.

Leverdier (Georges), manufacturier, membre de la Chambre de Commerce, 60, quai du Mont-Riboudet, Rouen.

Lévy (Gaston), 44, rue Grand-Pont, Rouen.

Liégeart (Octave), secrétaire et délégué de l'Association de Lille, 41, boulevard Victor-Hugo, Lille.

Malandrin (Marcel), négociant, 11, rue Herbière, Rouen.

Martel (V.), directeur de l'Ecole Primaire Supérieure et Professionnelle, 22, rue Saint-Lô, Rouen.

Maubec (Gustave), manufacturier, rue Michelet, Elbeuf.

Métayer, avocat à la Cour d'Appel, professeur à l'Ecole Supérieure de Commerce, 16, rue de la Seille, Rouen.

Michel (A.), rédacteur au *Nouvelliste de Rouen.*

Moor (de), administrateur-délégué de la Société Cotonnière de Saint-Etienne-du-Rouvray.

Moor (de) (A.), 24, rue Thiers, Rouen.

Olivier, négociant, membre du Conseil Municipal de Rouen.

Ouachée (M.), exploitant de carrières, 17, quai Conti, Paris.

Pagnon (Pierre), négociant en soies, président honoraire de l'Association de Lyon, 3, quai d'Occident, Lyon.

Pathier (A.), manufacturier, délégué de l'Association de Paris, 13, rue de la Huchette, Paris.

Pécourt (Ch.), 68, rue Saint-Charles, Paris.

Perrin, capitaine au 39me d'Infanterie, représentant le général Servière, commandant le 3e Corps d'Armée à Rouen.

MM.

PEUGNIEZ (Victor), à Courcelles-lez-Lens, par Noyelles-Godault (Pas-de-Calais).

POLLET (Paul), 27, rue de Gand, Tourcoing.

POULLARD (Maurice), 12, rue Jeanne d'Arc, Rouen.

PRÉE (A.), rédacteur à la *Dépêche de Rouen*.

RANCÈS (Maurice), professeur à l'Ecole Supérieure de Commerce, 30, rue de Fontenelle, Rouen.

RENOUARD (Alfred), ingénieur, premier vice-président de l'Union, 49, rue Mozart, Paris.

ROBERT, adjoint au Maire de Rouen.

ROUZÉ-STEVERLYNCK (Paul), vice-président et délégué de l'Association de Lille, 84, rue Brûle-Maison, Lille,

SARRAZIN, avocat à la Cour d'Appel de Rouen.

SAULT (G.), trésorier de l'Union, 39, boulevard Magenta, Paris.

SAVARY (Maurice), distillerie de Nesle (Somme).

SIEGFRIED (Jacques), membre du Conseil Supérieur de l'Enseignement Technique, président de l'Union des Associations.

SITT (G.), banquier, 35, rue Laffite, Paris.

SIMON (Marcel), négociant, 9, rue Armand-Carrel, Rouen.

SIONVILLE, rédacteur au *Travailleur Normand*.

TESTENOIRE (Etienne), négociant, membre de la Chambre de Commerce de Lyon, président de l'Association, 60, avenue de Noailles, Lyon.

TIRANT, chef de bureau de l'Instruction Publique, à la mairie de Rouen.

TURPIN, négociant, secrétaire de la Chambre de Commerce de Rouen.

VERDIER (Paul), à Meaux (Seine-et-Marne).

MM.

VIAL, directeur de l'Agence de la Société Générale, de Rouen.

VIGOUROUX (J.), avocat, président de l'Association de Montpellier, 8, rue du Jeu de Paume, Montpellier.

VILAIN (Charles), manufacturier, à Hénin-Liétard (Pas-de-Calais).

VILLETTE (André), de la Maison Ernest Villette et fils, charpentes, à Déville-lès-Rouen.

YVER DE LA BRUCHOLLERIE, membre de la Chambre de Commerce de Rouen.

YVER DE LA BRUCHOLLERIE (G.), Maison Clamageran, transports maritimes, 6, rue de Crimée, Mont-Saint-Aignan, près Rouen.

2me CONGRÈS INTERNATIONAL

DES

ASSOCIATIONS D'ANCIENS ÉLÈVES

DES

ÉCOLES SUPÉRIEURES DE COMMERCE DE FRANCE & DE L'ÉTRANGER

—

16 JUILLET 1903

SÉANCE D'OUVERTURE

Présidence de M. LEFAI

—

La séance est ouverte à dix heures et demie, sous la présidence de M. Ch. Lefai, président de l'Association des Anciens Elèves des Ecoles Supérieures de Commerce et d'Industrie de Rouen, ayant à sa droite M. Fosse, préfet de la Seine-Inférieure et M. Jacques Siegfried, membre du Conseil Supérieur de l'Enseignement Technique, président de l'Union des Associations et à sa gauche, M. Girod, inspecteur départemental de l'Enseignement Technique, délégué de M. le Ministre du Commerce et M. Duchemin, adjoint au Maire de Rouen.

Parmi les notabilités qui assistaient à cette première séance, on remarquait :

MM. Denomaison, président du Tribunal de Commerce de Rouen; Héduit, trésorier de la Chambre de Commerce de Rouen; Turpin, secrétaire de la Chambre de Commerce de Rouen ; Yver de la Bruchollerie, membre de la Chambre de Commerce de Rouen; capitaine Perrin, représentant le général Servière, commandant le 3e Corps d'Armée; Houzard, adjoint au Maire de Rouen; Fichet, juge au Tribunal de Commerce de Rouen ; Kreutzer, professeur à l'Académie Commerciale de Budapest, représentant le Gouvernement Hongrois; Haemers, consul de Belgique, représentant le Gouvernement Belge; Testenoire, membre de la Chambre de Commerce de Lyon, président de l'Association des Anciens Elèves de l'Ecole Supérieure de Commerce de

Lyon ; P. Pagnon, président honoraire et Balay, secrétaire de cette Association ; Emmanuel Faure, conseiller du Commerce Extérieur, président de l'Association de Bordeaux ; Renouard, premier vice-président de l'Union ; Pathier, membre de l'Union, délégué de l'Association de Paris ; Vigouroux, président de l'Association de Montpellier ; Maurice Chatel, vice-président de l'Association du Havre ; Sault, ancien président de l'Association de l'I. C. P., trésorier de l'Union ; Lahens, délégué de l'Association de Nancy ; Boulnois, directeur de l'Ecole Supérieure de Commerce de Rouen ; Lecaplain, directeur de l'Ecole des Sciences et des Lettres ; Martel, directeur de l'Ecole Primaire Supérieure et Professionnelle ; Delarue, ancien directeur de l'Ecole Primaire Supérieure et Professionnelle ; Haraucourt, professeur au Lycée ; Deleau, Rancès, Feuillet, professeurs à l'Ecole Supérieure de Commerce ; Sarrazin, avocat à la Cour d'Appel de Rouen ; Robert Harel et A. Foucquier, anciens présidents de l'Association de Rouen ; Lanquepin, courtier maritime ; les Membres du Comité et de nombreux membres de l'Association.

M. Lefai. — Messieurs, je vous prie de vouloir bien procéder à la nomination du bureau du Congrès.

M. Foucquier. — Messieurs, je vous propose de désigner les membres du bureau d'organisation, pour constituer le bureau définitif du Congrès (Vives marques d'assentiment). Je ne fais, en formulant cette proposition, que me référer à ce qui a été fait au Congrès de Paris, en 1900.

M. Siegfried. — Très bien !

M. Lefai. — Messieurs, je mets aux voix la proposition de M. Foucquier. Etes-vous d'avis de l'adopter ?

M. Pagnon. — Ne pourrait-on pas nous donner connaissance des noms des membres du Comité d'initiative du Congrès, afin que nous puissions voter en connaissance de cause ?...

M. Lefai. — Parfaitement. Voici les noms des membres du Comité d'organisation :

MM. Ch. Lefai, président ; Henri Gransire, vice-président ; G. Le Mercier et William Clamageran, secrétaires ; Léon Lenormand, trésorier.

Voici, pour ce qui concerne les membres du Comité d'organisation ; mais je proposerais de leur adjoindre, comme vice-présidents, les délégués spécialement désignés par les Gouvernements étrangers. Nous avons ici M. Kreutzer, professeur à l'Académie Commerciale de Budapest, représentant le Gouvernement Hongrois et M. Haemers, consul de Belgique, représentant le Gouvernement Belge. Nous attendons encore d'autres délégués étrangers, qui seraient adjoints au bureau, au fur et à mesure de leur arrivée.

M. Pagnon. — Je ne fais aucune opposition à l'admission de ces Messieurs comme membres du bureau définitif du Congrès, mais je crois qu'il serait nécessaire d'ajouter à la liste dont M. le Président vient de nous donner lecture, le nom de M. le Président de l'Union des Associations des Anciens Elèves, M. Jacques Siegfried (Approbations unanimes).

M. Lefai. — Vous pensez bien que nous ne demandons pas mieux, mais vous me permettrez de vous faire remarquer, ainsi d'ailleurs que vous avez pu le constater dans les circulaires et notices qui vous ont été envoyées, que M. Jacques Siegfried, notre éminent président, fait partie, comme vice-président d'honneur, du Comité de patronage du Congrès.

M. Pagnon. — Je pense qu'il serait bon d'adjoindre M. Siegfried au bureau définitif du Congrès.

M. Emmanuel Faure. — Je tiens à appuyer la proposition faite par M. Pagnon. Comme lui, je pense que M. Jacques Siegfried, bien que faisant partie du Comité de patronage, devrait figurer parmi les membres du bureau définitif.

M. Lefai. — Mais nous ne demandons pas mieux ! (Très bien).

Alors, Messieurs, je propose à la vice-présidence du bureau du Congrès, MM. Kreutzer, délégué hongrois; Haemers, délégué belge, et Jacques Siegfried, comme président de l'Union des Associations des Anciens Elèves (Adopté).

Vous adoptez également la composition du bureau définitif, telle que l'a proposée M. Foucquier ?... (Adopté).

La parole est à M. William Clamageran, pour la lecture du procès-verbal de la dernière réunion du Congrès de Paris, en 1900.

Lecture est donnée de ce procès-verbal.

DISCOURS DE M. LEFAI, PRÉSIDENT DU CONGRÈS

Messieurs et chers Camarades,

Je vous remercie tout d'abord de l'honneur que vous me faites, en me maintenant au fauteuil de la présidence de ce Congrès.

Il ne devait pas en être ainsi, bien certainement, car je constate à l'ordre du jour de cette séance, la mention suivante. — Discours du président. — Un discours... J'y suis peu rompu, au milieu de mes occupations journalières; aussi, permettez que je ne vous demande pas toute votre attention, mais toute votre indulgence.

Je ne m'illusionne pas sur la lourde tâche que nous avons entreprise ici, mais avec le bon concours que nous sommes habitués à rencontrer parmi les membres de nos Associations, nous avons espéré la mener à bonne fin.

Le Congrès est ouvert ; laissez-moi vous adresser, au nom du Comité d'organisation, nos souhaits de bienvenue et remercier les hautes notabilités qui ont bien voulu répondre à notre invitation et honorer de leur présence cette séance d'ouverture.

L'origine, ou plutôt la cause de ce Congrès, est le désir de fêter avec vous tous, Messieurs, notre vingt-cinquième anniversaire. Il nous a semblé que, pour marquer cette fête, il n'était pas de meilleure occasion et vous avez bien voulu lui donner ce caractère solennel, en acceptant notre invitation.

Avoir atteint nos vingt-cinq ans comme Association des Anciens Elèves de l'Ecole Supérieure de Commerce et d'Industrie de Rouen, nous semble une œuvre capitale, étant données les tribulations par lesquelles a passé notre chère Ecole et, par suite, notre Association.

En quelques mots, permettez-moi de vous dépeindre notre existence : Fondée en 1878 (précisément jour pour jour), par de dévoués camarades, dont quelques noms méritent d'être rappelés ici : MM. I. Harel, Fichet, Franck de Gaudel et Collignon, aidés du concours bienveillant de MM. Bernardini, Lecaplain, Mengus, directeur et professeurs à l'École à l'époque, qui avaient bien voulu seconder de leur expérience et de leurs conseils cette jeune phalange qui posa, pour ainsi dire, la première pierre de l'édifice actuel.

Cette association naissante se développa de suite par le recrutement facile de ses membres, à chaque année de sortie de l'Ecole;

mais ce développement fut de courte durée, car, en 1883, pour des raisons qu'il est inutile de rappeler ici, l'Ecole dût fermer ses portes et alors, plus de recrutement. Pourtant, nos jeunes sociétaires ne perdirent pas leur temps et obtinrent que des cours analogues à ceux professés à l'Ecole fussent organisés à l'Ecole Professionnelle. La section technique, commerciale et industrielle fut la transformation de notre Ecole, mais le recrutement à la sortie était presque nul.

Les réunions, concerts, banquets prévus aux statuts eurent lieu quand même, mais il nous faut avouer qu'un très petit nombre y répondit et que, tout au plaisir d'une table bien servie, on se contentait de discourir chacun pour soi sur ses entreprises, ses occupations personnelles; puis, tout s'évanouissait avec la fumée des cigares que l'on savourait délicieusement dans cette causerie. Après cela, un certain découragement flottait dans l'air que nous respirions, si bien même, que le bruit de dissolution de la Société courut dans nos rangs. Pourtant, je me plais à le reconnaître ici, notre camarade Lenormand, notre vaillant trésorier, s'y opposa de toutes ses forces, releva notre courage, prétendant, malgré ses maigres ressources, que l'avenir pouvait être meilleur et que rien n'était perdu, tant qu'il aurait quelque chose dans la caisse.

Sa foi nous gagna probablement, Messieurs, puisque nous en sommes arrivés à nos vingt-cinq ans.

Nous fûmes donc, pendant treize ans, une association quelque peu en catalepsie; mais, au réveil, cette poignée de dévoués sociétaires avait obtenu, grâce au concours de MM. les membres du Parlement de notre région, de M. le Préfet, de la Municipalité, de la Chambre de Commerce d'alors, la réouverture de notre Ecole Supérieure de Commerce, reconnue par l'Etat, le 29 août 1895.

C'est à ce moment que, reprenant toute notre intéressante et utile activité, l'Union, dont nous devons la création à M. Jacques Siegfried, nous ouvre ses portes; nous venons augmenter son nombre, augmenter aussi peut-être sa besogne, mais agrandir son rayon de ramifications, si efficace pour chacun de nous et dont nous lui sommes reconnaissants tous les jours, de plus en plus.

C'est peut-être aussi au contact de l'Union que nous est venu cette idée hardie du deuxième Congrès International.

En 1900, eut lieu le premier Congrès, sous la présidence de M. Roy, ancien président de la Chambre de Commerce de Paris et dans ce cadre merveilleux qu'était notre belle Exposition Universelle.

Parmi les vœux qui y furent émis il y a celui-ci :

« *Le Congrès émet le vœu qu'un comité permanent (dont il désire que le bureau actuel du Congrès fasse partie) soit constitué pour l'organisation des Congrès futurs d'Associations d'Anciens Elèves des Ecoles Supérieures de Commerce.* »

Nous reportant à ce vœu, nous avons demandé le haut patronage de ce Comité et avec son acceptation et sous son égide, nous avons, Messieurs, organisé de toutes pièces cette grande manifestation, à laquelle rien n'est préférable, je crois, pour cimenter les relations entre nos Associations.

Il nous fallait, pour donner vie à notre Congrès, non seulement en préparer les travaux, en discuter les occupations, en répartir au mieux et à la satisfaction de tous, les heures à y dépenser; mais encore nous occuper de sa partie matérielle.

Nous avons fait tout cela, Messieurs, et espérons que nos camarades le trouveront bien préparé; mais il manquait le caractère officiel d'une solennité.

Grâce à vous, Messieurs, grâce à la présence de M. le Ministre du Commerce, dans la personne de M. Girod, son délégué; de M. le Préfet; de l'Armée, de la Municipalité, du Tribunal de Commerce, de la Chambre de Commerce, des délégués des Gouvernements étrangers; en un mot, de vous tous, Messieurs; nous avons cet honneur et nous vous remercions de fêter ainsi nos vingt-cinq ans, nous avons aussi la grande satisfaction de reconnaître, une fois de plus, tout l'intérêt que vous portez aux questions se rattachant au Commerce, et surtout à la préparation méthodique et raisonnée d'une éducation spéciale, développant chez les jeunes gens les qualités pratiques et morales qui font les commerçants d'élite.

Le 2e Congrès International, que j'ai l'honneur d'ouvrir ainsi avec vous, Messieurs, doit être profitable dans ses résultats au bon fonctionnement de nos Associations, au rapprochement, de plus en plus fréquent de tous leurs Membres, et cela, par tous les moyens possibles; il doit contribuer aussi à aider et à améliorer, tant que faire se pourra, le sort de nos chères Ecoles Supérieures de Commerce.

C'est à cela que nous allons employer notre temps, en discutant les questions élaborées au programme, questions pour lesquelles sept rapporteurs ont bien voulu préparer des travaux fort intéressants et dont nous tiendrons les comptes-rendus à votre disposition (Vifs applaudissements).

DISCOURS DE M. GIROD, REPRÉSENTANT LE MINISTRE DU COMMERCE

Messieurs,

C'est le Ministre du Commerce qui devrait présider votre Congrès. Il en a été empêché par ses multiples occupations et il m'a délégué pour venir occuper sa place dans cette solennité.

J'en suis certes très fier, mais, je vous l'avoue, un peu confus. Remplacer un ministre, quand ce ministre a le talent de M. Trouillot est une chose bien difficile pour un modeste professeur de mathématiques. Aussi, au lieu de vous faire un discours, suis-je plutôt tenté de m'excuser et de me borner à vous expliquer pourquoi je suis ici à défaut d'un autre plus qualifié que moi.

J'appartiens à cette fraction de l'Université, pour qui les traditions sont respectables sans doute, mais qui ne craint aucune transformation de l'Enseignement public, pour qu'il soit toujours en harmonie avec les besoins de l'époque.

Que les Ecoles dépendent de l'Instruction Publique ou du Commerce, cela importe peu; ce sont toujours des Ecoles de l'Etat. Je puis donc bien dire, sans renier mes sentiments universitaires, que je professe la plus vive sympathie pour ces Ecoles du Ministère du Commerce, où l'on forme les meilleurs ouvriers de nos industries et ces commerçants hardis qui vont fonder des comptoirs dans nos colonies les plus lointaines et porter sur toute la surface du globe les marques du génie français.

C'est à cause de mes sympathies pour cet enseignement pratique, que le Ministre du Commerce m'a nommé inspecteur départemental de l'Enseignement Technique, et c'est à ce dernier titre qu'il m'a chargé de le représenter aujourd'hui.

Le premier Congrès des Associations Amicales des Anciens Elèves des Ecoles Supérieures de Commerce a eu lieu à Paris, en 1900, et le Ministre à cette époque, a constaté qu'il avait été un des plus importants de l'Exposition Universelle. Vous avez voulu que cette grande manifestation ait un lendemain.

J'adresse les plus vives félicitations aux organisateurs du 2e Congrès qui commence aujourd'hui ses travaux dans notre belle ville de Rouen, en particulier à M. Lefai, président de l'Association rouennaise et à M. Le Mercier, qui en est le secrétaire.

Je salue, au nom du Gouvernement, les délégués de toutes les

Associations présents à cette réunion, et spécialement les délégués étrangers qui ont bien voulu traverser la frontière pour venir donner à leurs camarades français un témoignage de sympathie.

Je salue également les autorités civiles et militaires et toutes les personnes qui, par leur présence à cette cérémonie d'ouverture, sont venues vous montrer qu'elles partagent les idées qui vous sont chères.

Le Ministère du Commerce a maintenant un Enseignement complet à trois degrés : les Ecoles pratiques de Commerce et d'Industrie forment le premier degré, les Ecoles d'Arts et Métiers le second degré, enfin, l'Ecole Centrale, l'Ecole des Hautes Etudes Commerciales et les Ecoles Supérieures de Commerce, forment le degré supérieur, auquel vous appartenez.

Tandis que les Ecoles élémentaires et moyennes ont pour but de former de bons commerçants et des contremaîtres habiles, l'Enseignement Commercial Supérieur, tout en s'inspirant d'idées générales susceptibles de cultiver l'intelligence et d'affiner l'esprit tendent principalement à faire des commerçants instruits, ayant des notions étendues d'Economie politique et de Législation commerciale, connaissant les ressources des principaux centres du globe, les moyens rapides de communication, les tarifs de transports, capables de calculer avec sûreté leurs prix de revient, pouvant lire les publications commerciales en langues étrangères afin de savoir ce qui se passe au-delà des frontières; susceptibles enfin, de modifier leurs procédés suivant les circonstances, pour profiter des moindres faiblesses de leurs concurrents et arriver à les vaincre dans cette lutte pacifique des échanges. N'est-ce pas sur ces grands commerçants qui se livrent à l'importation et à l'exportation que repose en grande partie la sécurité du travail national?

D'ailleurs, le commerce international rapproche les peuples, fait disparaître les préjugés qui les divisent et devient, à notre époque surtout, le facteur le plus sûr de la paix universelle. Dans vos associations, groupées en une fédération puissante, vous vous occupez principalement de rechercher les moyens de développer et de perfectionner le haut enseignement commercial, dont le but est si élevé. Les résultats que vous avez déjà obtenus sont importants. J'ai lu avec un vif intérêt le compte-rendu de quelques dîners-conférences que l'Union de vos Associations organise tous les mois à Paris et j'ai été extrêmement frappé du discours de M. Renouard sur un point particulier de vos travaux, le placement des élèves, d'où dépend en grande partie le succès des Ecoles de Commerce.

Vous avez l'avantage d'avoir à votre tête un homme d'une haute valeur intellectuelle et d'une activité prodigieuse; qui a fait le tour du monde, non pas en touriste, mais en homme d'affaires, et qui est devenu le créateur et l'apôtre de l'enseignement commercial en France. J'ai nommé M. Jacques Siegfried, membre du Conseil Supérieur de l'Enseignement Technique. Qu'il reçoive ici, par mon intermédiaire, les remerciements et les compliments sincères de M. le Ministre du Commerce.

Je ne puis m'empêcher d'associer à son nom, celui de son frère, M. Jules Siegfried, ancien Ministre du Commerce, et, je souhaite qu'on le lui rappelle, mon ancien collègue au Conseil Académique de Caen, alors qu'il était Maire de cette belle ville du Havre, qu'il représente maintenant comme député au Parlement.

Je ne veux pas retarder, par un plus long discours, le commencement de vos travaux; je termine en faisant des vœux bien sincères pour que vous trouviez les meilleures solutions à toutes les questions qui vous intéressent. (Vifs applaudissements.)

DISCOURS DE M. DUCHEMIN, ADJOINT AU MAIRE DE ROUEN

Messieurs,

En me rendant au milieu de vous pour répondre à l'appel qui m'a été adressé par le président de votre Association, je n'ai pas voulu remplir seulement une des obligations de la fonction officielle que j'occupe actuellement.

Il est en effet de mon devoir, comme membre de la Municipalité, d'apporter le témoignage de notre sympathie à ceux qui ont bien voulu prendre part au deuxième Congrès International des Associations des Anciens Elèves des Ecoles Supérieures de Commerce.

Mais, Messieurs, permettez-moi de vous le dire, venir au milieu de vous, aujourd'hui, est pour moi mieux qu'une obligation, c'est un plaisir.

Je ne suis pas pour vous un inconnu, je suis un ancien élève de l'Ecole Supérieure de Commerce de Rouen, et, à ce titre, je suis doublement heureux de me trouver parmi vous.

Au nom de la ville de Rouen, et en mon nom personnel, je vous souhaite la bienvenue.

On parle beaucoup de Rouen au point de vue archéologique et

historique; mais on ne doit pas oublier que notre ville, située sur une des artères les plus fréquentées, est par excellence une cité tout à la fois maritime, commerciale et industrielle. Elle était donc tout indiquée pour être le siège du Congrès.

Cependant, Messieurs, il est de mon devoir, au nom de l'Administration Municipale, de remercier le Comité permanent des Congrès du choix qu'il a bien voulu faire en autorisant l'Association à tenir son Congrès dans la ville de Rouen. Nous sommes heureux de cette décision, parce que vous trouverez dans notre vieille capitale de la Normandie toutes les facilités désirables pour y mener vos travaux à bonne fin; vous y trouverez une agréable hospitalité qui vous permettra de vous reposer des labeurs que vous vous êtes imposés.

La Municipalité a apprécié la tâche qui lui incombait en la circonstance, aussi a-t-elle tenu à s'associer à vous, en prenant part à vos travaux dans la mesure où elle pourrait le faire.

Je m'arrête, car je ne veux pas abuser de vos instants, ni retarder l'ouverture de vos doctes discussions et je termine en vous souhaitant bon courage (Vifs applaudissements).

M. Lefai. — Je vous propose, Messieurs, d'envoyer à M. Roy, Président d'honneur de notre Congrès, ancien Président de la Chambre de Commerce de Paris, Président de la Commission permanente des Congrès, un télégramme lui exprimant les regrets très vifs que nous cause son absence, regrets d'autant plus vifs que, seul, l'état de sa santé l'a empêché d'être des nôtres. Je suis certain que s'il eût été bien portant, il serait venu assister à toutes nos séances. Nous aurions été heureux de profiter de ses sages conseils et de sa longue expérience (Applaudissements). Aussi, je vous propose de lui adresser un télégramme exprimant les vœux que nous formons tous pour son complet rétablissement et les regrets que nous cause son absence. (Applaudissements).

Vous ne m'en voudrez pas, je l'espère, de ne pas vous lire toutes les lettres d'excuses que nous avons reçues : elles sont très nombreuses et toutes plus élogieuses et plus charmantes les unes que les autres. Malgré cela, je ne puis m'empêcher de vous faire savoir que j'ai reçu des lettres de MM. Roy, ancien Président de la Chambre de Commerce de Paris, président de la Commission permanente des Congrès; Bouquet, directeur de l'Enseignement Technique; Martel, inspecteur général de l'Enseignement Technique; R. Waddington, Sénateur, président de la Chambre de Commerce de Rouen; Knieder, président du Conseil Général; Jules Siegfried, Député du Havre; Saint-Cyr Penot, directeur de l'Ecole Supérieure de Commerce de Lyon; Jourdan, directeur de l'Ecole des Hautes Etudes Commerciales; Paris, directeur de l'Ecole Commerciale de Paris; Manès, directeur de l'Ecole Supérieure de Commerce de Bordeaux; Lanzoni, président de l'Association des Anciens Elèves de l'Ecole Supérieure de Commerce de Venise; Hillsmann, directeur de l'Ecole Supérieure de Commerce d'Amsterdam; etc., etc.

Ces Messieurs s'excusent de ne pouvoir assister à notre Congrès, à cause de leur éloignement, et aussi parce que nos travaux devant durer trois jours, il leur est difficile de s'absenter aussi longtemps. Néanmoins, nous les possèderons peut-être, soit demain, soit après-demain, ce qui vous fera certainement autant plaisir qu'à moi (Applaudissements).

M. Henri GRANSIRE, vice-président, donne rendez-vous aux membres du Congrès, dans cette salle, à 3 heures après-midi, pour la discussion des rapports sur les première et deuxième questions portées à l'ordre du jour du Congrès.

La séance est levée à 11 heures 1/2.

16 JUILLET 1903.

DEUXIÈME SÉANCE

Présidence de M. Jacques SIEGFRIED.

La séance est ouverte à 3 heures 1/4, sous la présidence de M. Jacques Siegfried, président de l'Union des Associations, assisté de M. Girod, délégué de M. le Ministre du Commerce, et de M. Lefai, président de l'Association et du Congrès.

M. SIEGFRIED. — Messieurs,

On m'a traîné au fauteuil de la présidence, où je ne pensais pas que ma place fût marquée. (Protestations.) J'ai refusé aussi longtemps que j'ai pu et ma résistance a été assez énergique, puisqu'il a fallu que cinq ou six des membres du Congrès s'y mettent pour me faire accepter. Je ne voulais pas accepter la présidence, parce que je considère qu'elle revenait de droit à l'un des membres de l'Association de Rouen, qui a organisé cette brillante réunion au cours de laquelle nous sommes heureux de la fêter. Aussi, je ne suis pas content, mais pas content du tout (Sourires), parce que l'Union ne veut, sous aucun prétexte, ni d'aucune manière, pouvoir être critiquée pour avoir voulu supplanter les Associations.

A nos yeux, l'Union, n'est que l'aide des Associations ; rien que leur aide et pas autre chose. J'accepte donc de présider, mais à cette condition formelle, c'est que ma présence au fauteuil de la présidence ne signifiera pas que l'Union supplante l'Association de Rouen. C'est un témoignage de bonne camaraderie, et, je dois dire, de vive sympathie pour l'Association de Rouen, qui a toujours travaillé avec beaucoup de zèle et qui s'est toujours montrée l'un de nos plus fermes soutiens. (Applaudissements.)

J'ouvre la séance en donnant la parole à M. Pathier, rapporteur de la première question portée à l'ordre du jour.

M. LEFAI. — Pardon, il y a le procès-verbal de la séance de ce matin.

M. SIEGFRIED. — Vous voyez bien que je n'étais pas préparé à présider, puisque j'oubliais qu'il fallait ouvrir la séance par la lecture du procès-verbal de la séance d'ouverture. (Rires.) Je donne la parole à M. Clamageran, secrétaire.

M. CLAMAGERAN, secrétaire, donne lecture du procès-verbal de la Séance d'ouverture.

Ce procès-verbal est adopté sans observation.

M. SIEGFRIED. — Messieurs, avant d'aborder le sujet de la discussion figurant à l'ordre du jour de cette séance, je dois vous donner connaissance d'une dépêche de M. Fivat, directeur de l'Ecole Supérieure de Commerce de Genève. (Lecture est donnée de cette dépêche. Applaudissements.)

Depuis le commencement de cette séance, nous avons le plaisir de posséder M. Otto Bjelke, délégué de l'Université Commerciale de Christiania (Norwège). Je vous proposerai de le nommer vice-président du Congrès, au même titre que les autres délégués étrangers. (Vifs applaudissements.)

Je vois qu'il n'y a pas besoin de voter; vos applaudissements prouvent que vous adoptez ma proposition.

Je donne la parole à M. Pathier pour la lecture de son rapport sur la première question portée à l'ordre du jour du Congrès.

ORDRE DU JOUR : *Organisation du Placement des Elèves; Résultats obtenus; Statistique du Placement des Anciens Elèves par chaque Association.*

RAPPORTEUR. — M. A. PATHIER, président de la Commission des Places, à l'Union des Associations des Ecoles Supérieures de Commerce.

Placement des Anciens Elèves.

Toutes les Associations d'Anciens Elèves des Ecoles Supérieures de Commerce ont inscrit dans leurs statuts, parmi les buts poursuivis, le placement des anciens Elèves.

L'Union des Associations ne pouvait manquer à ce devoir et, à l'article 2 de ses statuts nous lisons :

L'Union a pour but :

1° . . . .

2° De venir en aide aux membres des Associations adhérentes à l'Union, notamment en leur facilitant les moyens d'obtenir des emplois. C'est pourquoi il a été créé en 1899, une Commission des places, composée de onze membres, un par Association.

Je viens présenter sommairement les résultats obtenus par notre service de placement et les moyens employés.

Les résultats sont présentés dans un graphique (*voir annexe n° 1*) qui montre de 1893 à 1902, le chiffre des candidats inscrits pour une demande d'emploi; celui des emplois offerts et enfin celui des candidats placés.

Nous avons :

	1893	1902
Candidats inscrits	11	204
Offres d'emploi	16	241
Candidats placés	1	111

Nous partons de 1 placé en 1893 pour arriver à 111 en 1902.

Ce dernier chiffre sera certainement dépassé cette année.

Voici les chiffres pour le premier semestre de 1903 :

Offres d'emploi	140
Demandes	104
Candidats	50

Avant d'aller plus loin, il est peut-être bon de se demander quels sont les éléments qui concourent au service de placement dans une Association Amicale d'Anciens Elèves.

Ces éléments sont :

1° l'outillage,

2° le personnel,

3° le concours des membres de l'Association.

L'outillage consiste dans l'organisation des bureaux.

Nous avons à ce sujet une installation complète, rue Auber, 15, au centre de Paris, entre l'Opéra et la gare Saint-Lazare; bureaux, salle de lecture, éclairage électrique, téléphone, rien ne nous manque.

Pour le personnel, nous avons eu la bonne fortune d'avoir, en M. Pontoise, un collaborateur dévoué et nous avons pu lui adjoindre un secrétaire et un employé dactylographe.

Quant au concours des membres, il ne nous a jamais fait défaut.

Mais, pour arriver à ce résultat, il fallait de l'argent.

Nous en avons trouvé, grâce à l'esprit d'initiative de notre ami Lefèvre, de l'Ecole de Rouen (je suis heureux de lui rendre ce témoignage), qui a su créer un capital de garantie. . . . . .

L'idée avait été émise antérieurement, mais dans ce cas, c'est l'exécution qui est tout.

En quelques jours, notre ami Lefèvre constitua un capital de garantie d'une trentaine de mille francs, ce qui nous permit de passer de notre local inhabitable de la Bourse de Commerce à l'installation actuelle de la rue Auber.

J'ai insisté sur cette question du local, parce que, au point de vue d'une organisation de placement, elle a une très grande importance. A ce sujet, il serait peut-être à souhaiter que, au lieu d'être installés au cinquième étage (avec ascenseur), nos bureaux fussent situés au rez-de-chaussée.

Parmi les concours financiers qui nous ont été donnés, il n'est que juste de signaler ceux qui nous ont été donnés par notre Président, M. Jacques Siegfried, et aussi par nos membres honoraires et enfin par Monsieur le Président de la République, qui a versé à plusieurs reprises dans notre caisse la somme de cinq cents francs et qui nous a fait le grand honneur d'assister à notre bal annuel, ce dont nous lui sommes profondément reconnaissants.

Et maintenant, revenons à notre chiffre de 111 camarades placés en 1902.

Comment sommes nous arrivés à ce résultat et comment plaçons-nous nos candidats.

Ils doivent d'abord faire leur demande et remplir la feuille ci-annexée, « Demande d'emploi », « Bulletin de renseignements ».

Au dos de ce bulletin de renseignements se trouve le règlement de la Commission des places (*voir annexe n° 2*).

Cette demande qui doit être signée par le Président de l'Association du Postulant, est valable pour un mois, mais dans la pratique, nous conservons les demandes plus d'un mois. Cette demande est inscrite sur un registre, avec un numéro d'ordre, et insérée au prochain bulletin.

Ainsi, dans le bulletin du 5 juin 1903, nous avons, page 1118, la liste des demandes d'emploi, la dernière porte le n° 80, ce qui indique que nous avons reçu à cette date 80 demandes d'emploi.

Nous inscrivons aussi sur un registre les offres d'emploi et nous les publions au bulletin ; à cette même date du 5 juin, nous avions 121 offres d'emploi.

Mais notre bulletin n'est encore que bi-mensuel comme le rappelait notre ami Renouard et cette publicité bi-mensuelle ne suffisait pas, de plus elle n'est pas assez étendue.

C'est ici qu'interviennent les circulaires. Nous avons eu d'abord une circulaire-carte (*voir annexe n° 3*).

Il a été envoyé dix mille de ces cartes, soit directement par l'Union, soit par ses membres.

Nous avons abandonné ce modèle et nous avons ensuite adopté la circulaire n° 1, dont il a été envoyé quinze mille; au dos de cette circulaire ci-annexée, se trouvaient les demandes d'emploi (*voir annexe n° 4*).

Toutes ces circulaires nous ont procuré des offres d'emploi, mais nous avons pensé qu'il fallait serrer la question de plus près et nous en sommes à la circulaire modèle n° 2, dont trois exemplaires sont annexés à ce rapport (*voir annexe n° 5*). Cette circulaire est personnelle, c'est-à-dire que nous faisons une circulaire par candidat.

Exemple : Un candidat veut se placer dans la commission, nous envoyons par poste, trois cents circulaires chez les Commissionnaires, en indiquant le nom du candidat, ses antécédents, etc.

S'il s'agissait d'une place demandée dans la banque, nous enverrions la circulaire aux banquiers, etc.

Les bons résultats que nous avons obtenus de ce système nous ont engagé à continuer dans cette voie.

Aux moyens d'action indiqués ci-dessus, il faut encore ajouter nos réunions périodiques (dîners-causeries).

Les candidats à la recherche d'un emploi ont tout intérêt à assister à ces réunions et à entrer en relations avec leurs camarades. Il est rare que dans une réunion de nos membres, l'un d'eux n'ait pas connaissance d'une place vacante. Il y a donc utilité à multiplier ces réunions.

Nous avons aussi le droit de fonder quelques espérances sur le concours des groupes régionaux organisés en France et à l'étranger. Les membres constituant ces groupes devraient nous communiquer, soit par lettres, soit par télégrammes, en cas d'urgence, les places qu'ils auraient vacantes.

Dans un travail sur le placement des Anciens Elèves des Ecoles Supérieures de Commerce, il ne faut pas oublier les services que peut rendre, pour ceux qui veulent aller à l'étranger ou dans nos colonies, la Société d'Encouragement pour le Commerce français d'exportation, société fondée sous les auspices de la Chambre de Commerce de Paris.

Société d'Encouragement pour le Commerce français d'exportation.

L'Union des Associations a pensé qu'il était utile de faire partie de cette Société, elle s'est inscrite comme membre fondateur, moyennant un versement de cent francs par an.

Elle délègue chaque année un membre du Comité, lequel fait partie du Conseil d'Administration de la Société d'exportation. Dans la dernière séance, M. Fournier, vice-président, regrettait de voir le petit nombre des jeunes français qui profitent des avantages offerts par la Société (avance du passage et des subsides pour les premiers mois de séjour) et constatait avec regret que les résultats obtenus n'étaient pas en rapport avec les grandes ressources de la Société.

Office national du Commerce extérieur.

Une mention doit être faite aussi pour l'Office national du Commerce extérieur, qui insère nos demandes d'emploi dans le *Moniteur officiel du Commerce* et qui a déjà placé dans ses bureaux un certain nombre de nos camarades.

Enfin, il ne faut pas oublier non plus les Conseillers du Commerce extérieur.

Conseillers du Commerce extérieur.

De temps en temps, on peut lire dans les journaux la note suivante :

M....., conseiller du Commerce extérieur se tiendra, tel jour, à telle heure, à l'Office national, rue Feydeau, à la disposition des personnes voulant se renseigner sur tel pays, au point de vue du commerce et de l'industrie.

Nous n'avons pas négligé cette source de renseignements, au point de vue du placement de nos camarades à l'étranger, tout en constatant, en ce qui concerne notre service de placement, que les résultats ont été plutôt négatifs.

Candidats à la recherche d'un emploi.

Et maintenant, il serait temps de parler des candidats à placer et de leurs devoirs.

Quand un ancien Elève fait sa demande pour obtenir un emploi, il ne faut pas qu'il se figure que cet emploi va lui arriver instantanément. Ce candidat doit, s'il n'est pas trop éloigné de Paris, venir en personne, car on place rarement par correspondance. Il doit être en relation constante avec le bureau de l'Union, il doit aller voir les membres de la Commission des places, en un mot, il doit se mettre en relation avec ceux qui peuvent lui rendre service. Lorsque le candidat est placé, il doit en aviser immédiatement le bureau de l'Union, il arrive fréquemment que l'Union n'est pas prévenue. Voici le candidat placé, c'est ici qu'il peut rendre les plus grands services, au point de vue des autres Elèves à placer.

En effet, un ancien Elève d'une Ecole Supérieure de Commerce n'est pas un employé quelconque, n'ayant de comptes à rendre à personne. Il appartient à un groupement social et tout ce qu'il fera en bien ou en mal, rejaillira sur ce groupe, c'est un point qu'il ne devrait jamais perdre de vue (Applaudissements).

Si donc le candidat nous fait honneur, et ce sera le cas général, s'il est intelligent, travailleur exact, s'il rend les services qu'on attend de lui, il fera à nos Écoles une très bonne réclame et l'Administration qui l'emploie ne manquera pas, à la première occasion, de s'adresser à nous.

Enfin, lorsqu'un candidat placé change de situation, il doit prévenir en temps utile son Association ou l'Union, afin que la place puisse être proposée à un de nos membres.

Je crois devoir arrêter ici ces observations, je n'ai plus qu'à comparer une autre Société de placement avec la nôtre et à tirer une conclusion de cette comparaison sans vouloir nous comparer, et pour cause, à la fameuse Société de Hambourg, je prendrai la Société suisse des Commerçants dont j'ai pu me procurer les statuts au Congrès de Zurich, grâce à l'obligeance du chef du bureau central, M. Hofamann.

Cette Société qui a placé en 1900, 1,136 membres, fait payer :

1° Un droit d'inscription de 2 à 5 francs.

2° A ses membres	1 0/0	placés	en Suisse,
—	1 1/2	—	hors de la Suisse,
Aux non sociétaires	2 0/0	—	en Suisse,
—	2 1/2	—	hors de la Suisse,

des revenus effectifs de la première année, y compris l'évaluation du logement, de l'entretien gratuit, etc.

A l'Union des Associations nous ne faisons rien payer.

Cette Société reçoit en plus :

1° Une subvention de la Société des Commerçants.

2° — fédérale pour les placements à l'étranger de 3,500 francs.

Quant à nous, Union des Associations, nous ne recevons aucune subvention. Il ne faut pas que cela nous empêche de continuer nos efforts et de travailler dans la mesure de nos moyens à l'œuvre de solidarité que nous avons entreprise.

Il est juste de rappeler ici, que l'Union des Associations a depuis sa fondation reçu les encouragements bienveillants de M. le Président de la République et de tous les Ministres du Commerce : MM. Siegfried, Boucher, Delombre, Millerand et Trouillot.

Il faut dire aussi que si les bals de l'Union ont réussi, c'est grâce au concours du Ministère du Commerce et à Mesdames Siegfried, Boucher, Delombre, Millerand et Trouillot qui nous ont fait le grand honneur d'accepter la présidence des dames patronnesses (Vifs applaudissements).

M. Pathier fait savoir que pour donner au Congrès tous les renseignements utiles sur cette question, il a eu recours aux Associations auxquelles il a adressé un questionnaire spécial (*voir annexe 6*).

Pour les réponses (*voir annexe 7 et suivantes*).

Annexe 1

Ecoles Supérieures de Commerce

UNION DES ASSOCIATIONS

COMMISSION des PLACES

Tableau dressé par M. A. PATHIER
Président de la Commission des Places

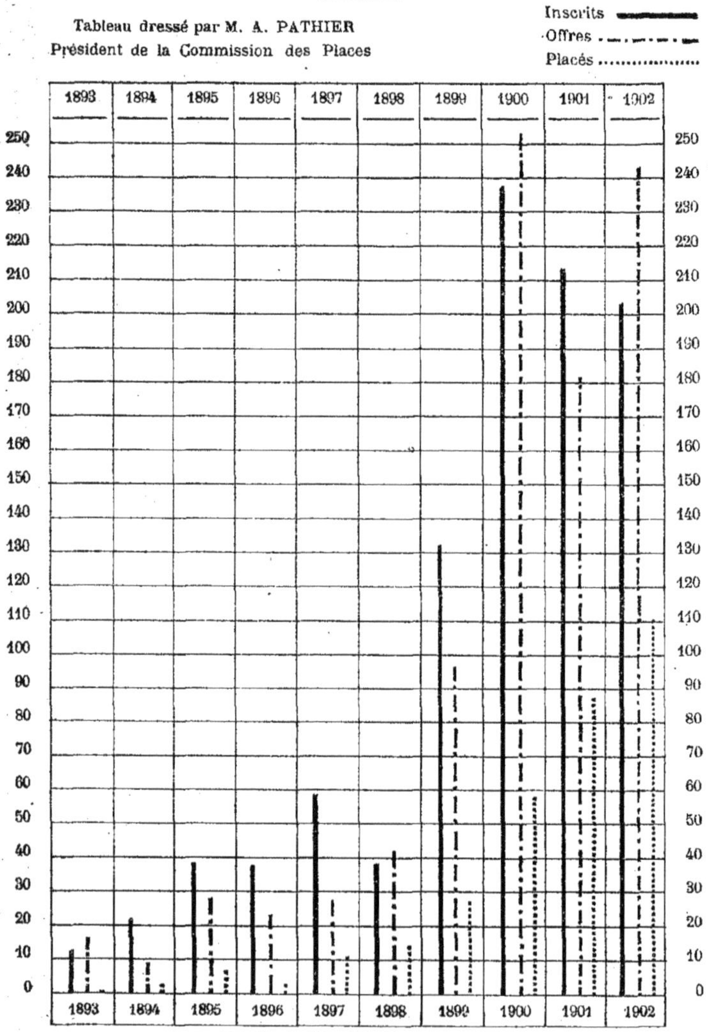

Inscrits
Offres
Placés
1893
1894
1895
1896
1897
1898
1899
1900
1901
1902
250
240
230
220
210
200
190
180
170
160
150
140
130
120
110
100
90
80
70
60
50
40
30
20
10
0

Echelle de 1/2 millimètre par emploi

(Annexe 2)

UNION DES ASSOCIATIONS

DES ANCIENS ÉLÈVES

des Écoles Supérieures de Commerce

reconnues par l'Etat

DEMANDE D'EMPLOI N°

Bulletin de Renseignements

Nom et Prénoms

Date et lieu de Naissance

Nationalité

Adresse

Année de sortie de l'Ecole d

Titres et Diplômes

Service Militaire

Langues Etrangères . . . .
Sténographie. . . . . . .
Machine à écrire . . . . .

Genre d'emploi demandé à Paris, en France, à l'Etranger ou aux Colonies . . . . .

Emplois antérieurs. . . . .

Références . . . .

Observations diverses . . . .

Appointements minimums . .

Signature du Président de l'Association à laquelle appartient le postulant.

A le 19

Le Postulant,

N. B. - Les demandes devront être renouvelées tous les mois.

Adresser le présent bulletin au Secrétariat de l'Union
15-17, rue Auber, Paris.

(**Annexe 2**, suite)

Commission des Places

Règlement du Service

Article Premier. — L'Union s'occupe de procurer des emplois à nos camarades à leur sortie de l'Ecole, quand ils sont momentanément sans place ou quand ils désirent changer de situation.

Art. 2. — Ce service est gratuit, toutefois, conformément à l'article 10 des statuts, l'Union recevra, avec reconnaissance, les dons volontaires des candidats placés par son entremise. La discrétion la plus absolue est assurée aux candidats et leur présentation aux emplois vacants se fait en toute impartialité.

Art. 3. — Pour bénéficier de notre entremise, il faut être membre de l'une des Associations qui forment l'Union.

Art. 4. — Les communications, verbales ou écrites, relatives aux offres et demandes d'emploi doivent être adressées au secrétariat de l'Union, 15 et 17, rue Auber, à Paris.

Art. 5. — Les *offres d'emploi* provenant directement : soit des chefs de maisons, soit des Associations, groupes régionaux et membres correspondants composant l'Union, de l'Office national du commerce extérieur ou de tout autre source sont portées immédiatement à la connaissance des Associations et des candidats intéressés.

Art. 6. — Les *demandes d'emploi*, adressées au secrétariat, doivent être visées par le président d'une Association ou son délégué, ou bien encore par un membre du Comité, de façon à présenter ainsi une garantie morale de l'honorabilité du candidat.

Art. 7. — Chaque demande d'emploi doit être accompagnée d'un *Bulletin de renseignements* signé par le postulant, dont le formulaire est délivré par le secrétariat.

Art. 8. — Les inscriptions sont valables pour un mois seulement ; passé ce délai, toute demande non renouvelée est considérée comme n'ayant plus d'objet et annulée définitivement.

Art. 9. — Tout candidat présenté par l'Union, qu'il ait obtenu ou non la place communiquée, est tenu de faire connaître, sans retard, le résultat de ses démarches sous peine de se voir rayé de la liste des insricts et de ne plus pouvoir recourir à notre entremise dans l'avenir.

ART. 10. — Il sera publié dans le *Bulletin* mensuel de l'Union une liste des offres et demandes d'emploi dans leur ordre d'inscription.

La commission des places pourra employer tout autre mode de publicité qu'elle jugera utile.

ART. 11. — Le secrétaire inscrira sur des registres spéciaux les offres et demandes d'emploi dans leur ordre d'arrivée et établira une fois par mois le relevé des candidats présentés et des places obtenues.

(Annexe 3)

L'UNION DES ASSOCIATIONS

DES ANCIENS ÉLÈVES

des

Ecoles Supérieures de Commerce

a l'honneur de vous rappeler qu'elle peut procurer, dès réception de la demande, parmi les Anciens Elèves de nos Ecoles, les Employés dont vous pourriez avoir besoin : Employés supérieurs, Comptables, Caissiers, Représentants, Correspondants français & étrangers, Intéressés, etc. Nos candidats connaissent une ou plusieurs langues étrangères.

15 & 17, rue Auber, PARIS.

Téléphone 291-85

Modèle n° 1.

(Annexe 4)

UNION DES ASSOCIATIONS

des

Ecoles Supérieures de Commerce

reconnues par l'Etat

M

Les Associations des Anciens Elèves des Ecoles Supérieures de Commerce reconnues par l'Etat ont fondé, en 1895, une Union qui a notamment pour but de faciliter le placement des Anciens Élèves.

Nous venons vous demander votre concours à ce sujet, *en vous priant de nous faire part de tous les emplois ou situations qui pourraient être vacants,* tant chez vous que parmi vos relations. Nous sommes assurés que nos candidats se montreront dignes de votre confiance, car ils ont reçu dans nos Ecoles l'instruction commerciale la plus étendue et possèdent généralement la connaissance d'une ou plusieurs langues étrangères.

En vous remerciant de vouloir bien nous aider dans cette œuvre de solidarité et de camaraderie, nous vous prions d'agréer, M ,
l'assurance de notre considération distinguée.

Le Président de la Commission,
A. PATHIER.

Le Président de l'Union,
Jacques SIEGFRIED.

Ci-contre la liste des demandes d'emploi reçues récemment par l'Union.

Pour tous renseignements, s'adresser au *Secrétariat de l'Union,* Bourse de Commerce, Paris.

(Annexe 4, suite)

Demandes d'Emploi

61. — **Marseille,** 24 ans, connait l'anglais et l'italien, désirerait trouver situation à l'étranger ou aux colonies, connaît déjà la fabrication des huiles.

63. — **Lyon,** 23 ans, connait l'anglais et l'espagnol, actuellement à la correspondance étrangère, demande emploi quelconque banque ou commerce.

67. — **Le Havre,** 26 ans, connait très bien l'anglais, a fait un long séjour en Angleterre, désire obtenir place de secrétaire ou la représentation d'une maison importante.

75. — **Paris,** 24 ans, connait très bien l'espagnol, bien l'anglais et l'italien, désire trouver situation d'avenir aux colonies.

76. — **Bordeaux,** 26 ans, connait l'anglais, l'espagnol et le portugais, les produits chimiques et les conserves alimentaires, désirerait trouver situation d'avenir en France ou à l'étranger.

79. — **Institut Commercial,** 22 ans, connait l'anglais et l'espagnol, demande emploi correspondant.

90. — **Paris,** serait désireux de trouver des travaux de vérification de comptabilité, d'expertises ou de contentieux.

91. — **Le Havre,** 25 ans, demande à s'intéresser dans une affaire de représentation ou à acheter un portefeuille d'agent représentant à Paris ou dans les départements limitrophes.

93. — **Rouen,** 22 ans, désire trouver un emploi, de préférence dans une maison de tissus.

94. — **Institut Commercial,** 24 ans, connait l'anglais et l'espagnol, désire emploi dans la commission ou l'exportation.

99. **Rouen,** chimiste-physicien recherche situation quelconque, même provisoire, de préférence dans la teinture et l'impression.

102. — **Le Havre,** 23 ans, a été employé principal dans une

maison de transports, désire emploi en France ou en Angleterre, bonnes notions d'anglais.

107. — **Paris,** 21 ans, désire place dans commerce ou banque.

120. — **Lyon,** 23 ans, connaît l'anglais et l'allemand, désire emploi dans une maison d'exportation.

122. — **Marseille,** 39 ans, connaît l'anglais et l'italien, notions d'espagnol et d'arabe, désire représenter des maisons sérieuses à Marseille ou voyager en Italie, Espagne, Algérie, Tunisie.

123. — **Bordeaux,** 19 ans, connaît l'anglais et l'espagnol, recherche emploi en Espagne.

129. — **Hautes Etudes Commerciales,** 24 ans, connaît l'anglais et l'espagnol, demande emploi de préférence aux colonies.

(Annexe 5)

Union des Associations des Anciens Elèves des Ecoles Supérieures de Commerce

---

Modèle n° 2

Paris, le 28 mars 1903.

Monsieur,

Nous prenons la liberté d'attirer votre bienveillante attention sur la candidature d'un des Membres de notre Société, M. X..., ancien élève diplômé de l'Ecole des Hautes Etudes Commerciales.

Ce jeune homme, libéré du service militaire, âgé de 22 ans, possède la connaissance complète des langues anglaise et allemande, ayant fait des séjours dans chacun de ces pays. Pendant les six derniers mois, il a été employé comme correspondant allemand et anglais ainsi que comme dactylographe (Remington) par M. Z..., de Londres.

Ses prétentions étant modestes et les connaissances générales acquises à l'Ecole, lui permettant de remplir à votre entière satisfaction l'emploi qui lui serait confié, nous ne doutons pas, Monsieur, que vous n'examiniez cette demande avec attention.

Nous tenant à votre entière disposition pour vous présenter notre recommandé, nous vous prions, Monsieur, d'agréer l'assurance de notre considération distinguée.

Le Secrétaire général,

(Annexe 5)

Union des Associations des Anciens Elèves des Ecoles Supérieures de Commerce

Modèle n° 2.

Paris, le 28 mars 1903.

Monsieur,

Nous prenons la liberté d'attirer votre bienveillante attention sur la demande d'un des Membres de notre Union, M. X...

Cette personne, âgée de 34 ans, est diplômée de l'E. S. C. de Paris et peut fournir les meilleures références commerciales.

Dès sa sortie de l'Ecole, il entrait comme employé, puis comme voyageur chez M. Z..., fabricant de sacs, puis il s'établissait courtier en grains, farines, sucres et alcools à la Bourse du Commerce, ce qui constitue, d'ailleurs, sa situation actuelle.

Les connaissances qu'il a acquises dans ces diverses situations et sa connaissance complète de la place de Paris, le mettent à même de s'occuper, à votre entière satisfaction, de la représentation (agence générale ou représentation de place), que vous pourrez lui confier.

Si vous pouvez donner une suite favorable à notre proposition, nous ne doutons pas que les résultats obtenus ne justifient pleinement notre recommandation.

En nous tenant à votre entière disposition pour vous présenter M. X..., nous vous présentons, Monsieur, l'assurance de notre considération distinguée.

Le Secrétaire général.

(Annexe 5)

Union des Associations des Anciens Elèves des Ecoles Supérieures de Commerce

Modèle n° 2.

Paris, 9 avril 1903.

Monsieur,

Nous prenons la liberté d'attirer votre attention sur la demande d'un des Membres de notre Union, M. X...

Cette personne, âgée de 38 ans, est diplômée de l'E. S. C. de Rouen et peut fournir les meilleures références commerciales.

Pendant dix années, il a été l'Agent général pour toute la France, de la maison Z..., de Londres, et n'a quitté cette situation que pour cause de santé.

Ces raisons n'existant plus, M. X... désire se remettre dans les affaires et sa connaissance complète de la place de Paris lui permettra de s'occuper, à votre entière satisfaction de la représentation (agence ou représentation de place), que vous pourriez lui confier.

Si vous pouvez donner une suite favorable à cette proposition, nous ne doutons pas que les résultats obtenus ne justifient pleinement notre recommandation.

En nous tenant à votre entière disposition pour vous présenter M. X..., nous vous présentons, Monsieur, l'assurance de notre considération distinguée.

Le Secrétaire général,

(**Annexe 6**)

Questionnaire adressé à toutes les Associations

QUESTIONNAIRE

Placement des Anciens Elèves

1° Avez-vous une organisation relativement à ce service?

2° Depuis quelle époque fonctionne ce service?

3° Moyens employés :

Circulaires, démarches personnelles, participation des Anciens Élèves, participation de la Direction des Ecoles, participation du Conseil d'Administration, publicité.

4° Résultats obtenus par année depuis la fondation du Service de placement : Candidats, offres, candidats placés.

5° Répartition des Elèves placés :

France : Commerce, Banque, Industrie, Administration ;

Colonies, Europe, hors d'Europe.

(**Annexe 7**)

Union des Associations des Anciens Elèves des Ecoles Supérieures de Commerce

RÉPONSE AU QUESTIONNAIRE (annexe 6)

1° Le Service des places de l'Union fonctionne sous la surveillance et la direction d'une Commission composée de onze membres, soit un délégué par Association formant l'Union.

2° Le placement des Anciens Elèves ayant figuré dans les statuts de l'Union depuis sa fondation, ce Service existe depuis 1892, mais il a subi d'importantes transformations en 1897, lors de la création du bureau de l'Union et en 1899, date de la création de la Commission des places.

3° Le service des places de l'Union est organisé ainsi que l'indique le règlement de la Commission des places ainsi conçu :

Article 1er. — L'Union s'occupe de procurer des emplois à nos camarades à leur sortie de l'Ecole, quand ils sont momentanément sans place ou quand ils désirent changer de situation.

Article 2. — Ce service est gratuit, toutefois, conformément à l'article 10 des statuts, l'Union recevra avec reconnaissance les dons volontaires des Candidats placés par son entremise. La discrétion la plus absolue est assurée aux Candidats et leur présentation aux emplois vacants se fait en toute impartialité.

Article 3. — Pour bénéficier de notre entremise, il faut être Membre de l'une des Associations qui forment l'Union.

Article 4. — Les communications, verbales ou écrites, relatives aux offres et demandes d'emploi, doivent être adressées au Secrétariat de l'Union, 15-17, rue Auber, Paris.

Article 5. — Les offres d'emploi provenant directement : soit des Chefs de maisons, soit des Associations, Groupes régionaux et Membres correspondants composant l'Union, de l'Office national du Commerce extérieur ou de tout autre source, sont portées immédiatement à la connaissance des Associations et des Candidats intéressés.

Article 6. — Les demandes d'emploi adressées au Secrétariat, doivent être visées par le Président d'une Association ou son Délégué, ou bien encore par un Membre du Comité, de façon à présenter ainsi une garantie morale de l'honorabilité du Candidat.

Article 7. — Chaque demande d'emploi doit être accompagnée d'un bulletin de renseignements signé par le postulant, dont le formulaire est délivré par le Secrétariat.

Article 8. — Les inscriptions sont valables pour un mois seulement; passé ce délai, toute demande non renouvelée est considérée comme n'ayant plus d'objet et annulée définitivement.

Article 9. — Tout Candidat, présenté par l'Union, qu'il ait obtenu ou non la place communiquée, est tenu de faire connaître, sans retard, les résultats de ses démarches sous peine de se voir rayé de la liste des inscrits et de ne plus pouvoir recourir à notre entremise dans l'avenir.

Article 10. — Il sera publié dans le Bulletin mensuel de l'Union une liste des offres et demandes d'emploi dans leur ordre d'inscription.

La Commission des places pourra employer tout autre mode de publicité qu'elle jugera utile.

Article 11. — Le Secrétaire inscrira sur des registres spéciaux les offres et demandes d'emploi dans leur ordre d'arrivée et établira une fois par mois le relevé des Candidats présentés et des places obtenues.

Dans la pratique, l'Union a toujours apporté la plus grande attention aux perfectionnements susceptibles d'être apportés au Service de placement et, dans ce but, elle a utilisé de nombreux moyens susceptibles d'attirer l'attention des négociants et des industriels sur ce Service.

Des circulaires de différents modèles ont été envoyées (dônt ci-annexé quelques exemplaires).

Aucune occasion d'attirer l'attention par des démarches personnelles n'a été oubliée.

Mais à l'Union, telle qu'elle est composée, il est difficile d'attirer l'attention particulière des maisons sur certains Candidats par des démarches personnelles.

Aussi, pour obvier à cet inconvénient, la Commission a commencé, cette année, l'envoi de lettres circulaires signées et affranchies à 0 fr. 15, adressées aux négociants pouvant être intéressés plus particulièrement par un des Candidats.

Cette manière de procéder nous a déjà donné d'excellents résultats et la Commission a décidé tout récemment d'en continuer l'envoi.

Les Anciens Elèves participent dans des proportions relativement faibles à l'envoi des offres d'emploi à l'Union.

Cependant, cette proportion n'a cessé d'augmenter ainsi que l'indiquent les chiffres ci-dessous.

	1893,	1894,	1895,	1896,	1897,	1898,	1899,	1900,	1901,	1902,
Emplois communiqués à l'Union	16	9	29	22	27	42	96	262	181	241
Emplois procurés	1	3	6	3	10	14	28	59	87	111
Candidats inscrits	11	20	39	37	58	40	130	237	212	204

Concours des Anciens Elèves

Nous ne nous étonnons pas que ce concours soit encore très faible, comprenant que beaucoup d'Anciens Elèves préfèrent adresser à leurs

Associations respectives les emplois dont ils peuvent avoir connaissance.

Nous croyons cependant, devoir attirer votre attention sur l'intérêt que pourrait avoir pour les Candidats la communication immédiate à l'Union des emplois connus des Anciens Elèves.

Il arrive fréquemment que des emplois sont occupés par des personnes étrangères à l'Union, parce que pas un Candidat de l'Association ne répond aux conditions exigées.

L'Union connaissant (ou qui devrait connaître) tous les Candidats Anciens Elèves, a plus de chances de fournir dans un bref délai le Candidat cherché.

Les Directeurs des Ecoles ne font connaître également qu'aux Associations les emplois qui leur sont offerts, nous croyons que pour les Directeurs et pour les Membres des Conseils d'Administration, les mêmes observations que ci-dessus peuvent être présentées.

Au titre de publicité véritable, c'est-à-dire autre que les circulaires, l'Union ne s'est servi que du *Moniteur officiel du Commerce*, du *Bulletin de la Chambre de Commerce d'Exportation* et de quelques publications spéciales, les résultats, jusqu'à présent, ont été presque négatifs.

La Commission des places s'est réservé le soin d'examiner cette année les genres de publicité à adopter.

Tableaux apposés dans les rues des grandes villes, dans les édifices publics, dans les salles de dépêches des établissements financiers et des journaux.

Le graphique publié par les soins de la Commission des places de l'Union donne les résultats obtenus depuis 1893.

La décomposition de ces résultats donne les chiffres suivants :

		1893	1894	1895	1896	1897	1898	1899	1900	1901	1902	Totaux
France	Commerce ...	1	»	3	1	4	5	10	22	42	54	142
	Banque	»	1	1	1	2	4	7	12	12	17	57
	Industrie	»	»	1	»	3	»	2	7	14	12	39
	Administ^{ion}...	»	»	»	»	1	1	3	3	2	9	19
Colonies		»	1	1	1	»	2	3	6	9	7	30
Europe		»	»	»	»	»	1	1	4	5	8	19
Hors-d'Europe ..		»	1	»	»	»	1	2	5	3	4	16
Totaux......		1	3	6	3	10	14	28	59	87	111	322

Tableau indiquant le nombre des demandes et celui des Candidats placés par Ecole.

	H. E. C.	Paris	Institut Cial	Bordeaux	Havre	Lille	Lyon	Marseille	Montpellier	Nancy	Rouen
1901											
214 demandes	18	41	37	14	28	17	17	10	13	9	10
182 offres											
83 placés	8	18	18	6	9	3	8	3	1	6	3
1902											
204 demandes	13	41	36	14	23	16	22	4	12	14	9
235 offres											
111 placés	7	29	21	6	15	8	10	2	2	4	7

Dépenses. — Jusqu'à l'année 1899, l'Union n'a fait figurer comme dépenses afférentes à la Commission des places que les frais de correspondance peu élevés et se montant à environ 50 francs par année. En 1899, les dépenses ont été de 583 fr. 55; en 1900, 1,110 fr. 10; en 1901, 842 fr. 25; en 1902, 1,518 fr. 60.

(Annexe 8)

Association Amicale des Anciens Elèves de l'Ecole Supérieure de Commerce de Montpellier

---

RÉPONSE AU QUESTIONNAIRE (annexe 6)

Renseignements sur l'Organisation du Placement des Anciens Elèves par l'Association de Montpellier.

1° AVEZ-VOUS UNE ORGANISATION RELATIVEMENT A CE SERVICE ?

— Oui, une Commission spéciale de placement est nommée tous les ans par le Comité. Le nombre des Membres n'en est pas limité. Elle peut s'adjoindre des Membres de l'Association ne faisant pas partie du Comité. Considérant ce service comme le plus important, j'en ai assumé la direction.

2° DEPUIS QUELLE ÉPOQUE FONCTIONNE CE SERVICE ?

— Depuis le 1er janvier 1900.

3° MOYENS EMPLOYÉS.

A. Circulaires.

Nous avons songé à envoyer des circulaires spéciales, destinées à attirer l'attention de MM. les Commerçants et Industriels sur notre Commission de placement, et tirées à un grand nombre d'exemplaires (5 à 10,000, par exemple) que nous aurions envoyées dans toute la région que doit desservir naturellement notre Ecole (c'est-à-dire du Rhône aux Pyrénées et des Cévennes à la Méditerranée) mais nous avons dû, jusqu'à maintenant, reculer devant les frais importants que nous causerait une publicité de cet ordre, d'autant plus que, dans notre esprit, cet envoi devrait être périodique : annuel ou bi-annuel, pour donner tous les résultats que l'on est en droit d'en attendre. Convaincu cependant de l'efficacité de ce moyen par le témoignage de la Société des Employés de Commerce de Hambourg et l'expérience de l'Union (rapport de M. Bisch, au Congrès de 1900) ainsi que par les quelques résultats obtenus par notre circulaire rouge, citée ci-dessous, j'espère pouvoir recourir l'année prochaine à cet excellent mode de publicité.

En faute de quoi, une feuille de papier de couleur (pour attirer l'œil) encastrée dans chaque numéro de notre Bulletin trimestriel appelle l'attention de MM. les Employeurs sur le fonctionnement de notre Commission de placement.

B. Démarches personnelles.

Evidemment, je ne les ménage pas, mais seulement lorsque l'occasion s'en présente.

C. Participation des Anciens Elèves.

C'est là, à notre avis et incontestablement sans doute, la principale source d'offres d'emploi et la plus naturelle pour toutes nos Associations; mais la nôtre est trop jeune (elle date du mois de juin 1899), pour pouvoir compter beaucoup sur ce genre de placement. Je dois dire cependant qu'un de nos camarades, dont le père est chef d'une entreprise de transports, a bien voulu s'adresser à nous, lorsqu'il a eu besoin d'employés d'un ordre assez modeste, il est vrai, et a ainsi procuré une situation à deux Membres de notre Association. Un autre, employé depuis deux ans déjà dans une maison d'industrie de première importance, voulut bien aussi me signaler un emploi vacant dans un service adjacent au sien et me permit ainsi d'assurer le placement d'un des nôtres. Deux autres de nos camarades ont de même rendu un semblable service, dans des conditions analogues, à deux autres d'entr'eux. Enfin, je n'aurai garde d'oublier le précieux concours que nous a, comme à toutes nos Associations, apporté notre excellent camarade, M. Besson, en acceptant dans ses bureaux de la Société Marseillaise de Madagascar, à Marseille, deux Membres de notre Association. Malheureusement, ceux-ci n'ont pas pu y demeurer pour y faire leur carrière.

En somme, participation effective et qui ne pourra que s'accroître avec le temps.

D. Participation de la Direction de l'Ecole.

La Direction de l'Ecole nous transmet naturellement toutes les demandes d'employés qui lui sont adressées et nous fournit tous les renseignements désirables sur le compte des postulants.

(*a.*) Elle a accepté d'insérer sur ses affiches la phrase suivante :

« *L'Association des Anciens Elèves de l'Ecole Supérieure de Commerce se charge gratuitement du placement de ses Membres en France, aux colonies et à l'étranger* », qui peut, dans une certaine mesure, aider au placement de nos camarades.

(*b.*) Elle a souscrit au moment du tirage de notre dernier annuaire (1903), dont ci-joint un exemplaire, à un nombre de 2,000 exemplaires qu'elle joint à chacun de ses envois de programmes de l'Ecole. Par tout son contenu, et particulièrement par une partie de son avant-propos, ce petit annuaire attire, pour sa part, l'attention de ses lecteurs sur l'importance de notre groupement et l'utilité de notre Commission de placement.

(*c.*) Enfin, avant qu'elle envoyât ces annuaires, elle joignait à ses programmes du Concours d'admission, une sorte de circulaire imprimée à nos frais.

En résumé, ce concours intelligent est, peut-on dire, pour le moment, presque une collaboration.

E. Participation du Conseil d'Administration.

Elle se manifeste par des encouragements et le vote d'une subvention générale annuelle de 300 francs. Concours effectif évidemment, mais insuffisant, à notre avis, car ces Messieurs, par leur situation particulière dans le Commerce ou l'Industrie régionaux, pourraient mieux que tous autres nous adresser ou nous faire adresser des offres d'emploi. Néanmoins, cela viendra.

F. Publicité.

(Voir *Circulaires, Participation de la Direction de l'Ecole.*

En outre, dans chaque numéro de notre Bulletin trimestriel, six ou sept pages sont accordées à la Commission de placement pour insérer : 1° ses offres et demandes d'emploi (toutes anonymes); 2° les résultats obtenus depuis l'apparition du dernier numéro, ainsi que tous les renseignements de nature à intéresser ceux de nos camarades à la recherche d'une situation (tels que dates et programmes de certains concours, etc).

4° RÉSULTATS OBTENUS PAR ANNÉE, DEPUIS LA FONDATION DU SERVICE DE PLACEMENT : CANDIDATS, OFFRES, CANDIDATS PLACÉS.

	1900	1901	1902	1er semestre 1903	Total
Candidats..........	7	15	9	10	41
Offres.............	3	9	29	7	48
Candidats placés ...	2	8	4	3	17

Je dois dire que, sur ces 17 candidats placés, 5 l'ont été par l'Union.

5° RÉPARTITION DES ÉLÈVES PLACÉS.

France	Commerce	12
	Banque	néant.
	Industrie	4
	Administration	1
	Total	17

6° DÉPENSES OCCASIONNÉES PAR LE SERVICE DE PLACEMENT.

Je considère comme essentiel le Service du placement de nos Associations. Aussi, suis-je d'avis que l'on doit lui subordonner presque tous les autres services, dans la mesure du possible. C'est pourquoi je pense que les ressources de nos Associations doivent lui être principalement affectées. Je relève à ce propos dans nos budgets successifs les chiffres suivants :

1900	1901	1902	1er semestre 1903
4 fr. 45	65 fr. 80	28 fr. 85	13 fr. 15

Ces résultats sont modestes, mais il ne faut pas oublier que nous sommes jeunes.

Ces chiffres, par la modicité et les variations qu'ils présentent ne manqueront pas, après le préambule de ce paragraphe, de surprendre notre lecteur. Voici cependant de quoi les expliquer.

Année 1900. — Première année d'existence de notre Association. En outre, la division des chapitres n'est pas encore bien faite. C'est ainsi que les frais de correspondance occasionnés par le placement figurent au budget sous le titre de « Correspondance ».

Année 1901. — L'accroissement brusque de ces dépenses est justifié par l'attribution au chapitre « Commission de placement » des frais de correspondance dont il est la source.

Année 1902. — Par contre l'abaissement de ce même chiffre en 1902, s'explique par la création d'un nouveau chapitre « Salaire d'un employé ». Comme l'employé travaillait plus particulièrement pour la Commission de placement, il est naturel que le chiffre des dépenses de cette Commission ait diminué en apparence, quoiqu'ayant en réalité augmenté.

Année 1903.— Le chiffre de cette année paraissait devoir s'approcher de celui que j'avais prévu au commencement de l'année dans l'état préventif de nos dépenses et de nos recettes, soit cinquante francs. La subvention de cinquante francs votée par notre Association à l'Union le portera presque à cent francs.

Une observation générale suffit pour expliquer la faiblesse de tous ces chiffres. C'est que les dépenses de tous ordres causées effectivement par le placement trouvent place dans des chapitres de notre budget autres que celui de la « Commission de placement », telles les dépenses suivantes : augmentation du nombre d'heures de travail de l'employé, dans le chapitre « Salaire d'un employé »; achat d'un cyclostyle, dans le chapitre « Frais de bureau »; achat de papier (enveloppes, lettres, circulaires) dans le chapitre « Secrétariat ». Enfin, les frais de publication de notre annuaire sont affectés à la Commission des publications et celle-ci supporte même en ce qui concerne la publication du Bulletin, dans une mesure qu'il est difficile d'évaluer, des dépenses dont la cause est encore le placement. Si le tirage de notre Bulletin est en effet très élevé et si le service en est fait gratuitement à de gros commerçants ou industriels de notre région, c'est afin de faire connaître et apprécier notre Association et de nous attirer, par là, des demandes d'employés de leur part.

Comme toutes ces dépenses croissent grandement chaque année

Total des dépenses en	1900	299 fr. 45
—	1901	640 fr. 65
—	1902	1.544 fr. 20

on peut aussi affirmer que les frais occasionnés par notre service de placement croissent dans une forte proportion.

En résumé et plus simplement, j'estime que ce service est la cause (directe ou indirecte) *des 2/3 de nos dépenses.*

JEAN VIGOUROUX
Président de la Commission du Placement.
Président de l'A. de Montpellier.

(**Annexe 9**)

Association des Anciens Elèves de l'Ecole Supérieure de Commerce de Bordeaux

---

RÉPONSE AU QUESTIONNAIRE (annexe 6)

Lettre de M. Emmanuel FAURE, Président de l'Association de Bordeaux

En réponse à votre lettre du 10 juin, je vous prie de consulter la notice qui sert de préface à notre annuaire pour 1903 et vous y trouverez la plupart des réponses à votre questionnaire.

Le service de placement a toujours fonctionné depuis la fondation de l'Association; mais, dans sa forme actuelle, il n'existe que depuis janvier 1901, date de notre arrangement avec le journal *La Revue Commerciale et Coloniale de Bordeaux et du Sud-Ouest.*

Aux avis hebdomadaires de cette revue, nous joignons un tableau à la Bourse de Bordeaux les reproduisant, sans préjudice de nos démarches personnelles.

Les Anciens Elèves nous signalent assez régulièrement les places qu'ils viennent à connaître.

L'Ecole s'adresse toujours à nous en premier lieu, aussi nous saisissons toutes les occasions de faire passer dans les quatre journaux quotidiens de Bordeaux des entrefilets rappelant que nous avons toujours des employés à la disposition des négociants et des industriels.

Les dépenses sont minimes et se confondent avec celles du Secrétariat. Elles se limitent à des frais de poste.

Voici maintenant la notice de l'annuaire pour 1903, dont il est question plus haut :

L'Association compte 365 Membres.

Sur ce nombre, environ 250 ont obtenu des emplois par l'intermédiaire de son Service de placement.

La presque totalité des Sociétaires (90 0/0) sont dans le Commerce ou l'Industrie, dans la proportion de 80 0/0, employés et 20 0/0 chefs de maison.

L'Association a présenté onze candidats pour les bourses de séjour à l'étranger du Ministère du Commerce; huit ont obtenu la bourse.

Service de placement. — Dans l'œuvre post-scolaire de l'Association, le placement des adhérents occupe le premier rang.

Un registre de demandes et d'offres d'emploi est régulièrement tenu au Secrétariat. Les unes et les autres sont publiées chaque semaine, sous leur numéro d'inscription, dans la *Revue Commerciale & Coloniale de Bordeaux et du Sud-Ouest* qui, depuis janvier 1901, est devenue l'organe hebdomadaire de l'Association, dont il accueille toutes les communications.

Cette intéressante Revue, se trouvant entre les mains de la plupart des commerçants et industriels de Bordeaux et de la région, la publication qui est faite de nos demandes d'emploi est d'un très efficace secours pour le placement rapide de nos adhérents à la recherche de situations.

C'est ainsi qu'en 1901, nous avons eu plus d'offres d'emploi que de demandes, soit 81 offres contre 35 demandes et que sur ces 35, nous en avons fait aboutir 32.

Par contre, l'année 1902 a été très mauvaise à cet égard, par suite du marasme des affaires dans notre ville, nous n'avons eu que 21 offres d'emploi contre 34 demandes, sur ces dernières, 20 seulement ont pu recevoir satisfaction par l'Association.

(Annexe 10)

Association Amicale des Anciens Elèves de l'Ecole Supérieure de Commerce de Marseille

---

RÉPONSE AU QUESTIONNAIRE (annexe 6)

L'Association des Anciens Elèves de l'Ecole Supérieure de Commerce de Marseille fournit les renseignements suivants :

Le Service de placement des Anciens Elèves a été institué dès l'origine de l'Association dont c'est le but principal. Une Commission est chargée de ce service.

Les Membres de cette Commission sont choisis de préférence parmi ceux ayant le plus de relations dans le monde commercial.

L'Association avait d'abord adopté le système des circulaires, mais elle y a renoncé, des indiscrétions ayant été commises au profit de personnes étrangères. Il est tenu un registre des demandes et les emplois offerts sont affichés dans le local de l'Association. En dehors de la Commission, tous les Membres et le Directeur de l'Ecole collaborent au placement des Anciens Elèves.

Les résultats obtenus sont très satisfaisants. Il n'a pas été tenu une statistique des Anciens Elèves placés. Beaucoup occupent des situations importantes dans le Commerce, l'Industrie, la Banque et l'Administration.

Le fonctionnement du Service de placement ne comporte que quelques menus frais de correspondance.

(Annexe 11)

Association des Anciens Elèves de l'Ecole Supérieure de Commerce et de Tissage de Lyon

RÉPONSE AU QUESTIONNAIRE (annexe 6)

Une Commission de cinq Membres du Comité est chargée spécialement du service de placement.

Ce service fonctionne depuis 1877, époque de la fondation de l'Association.

Les Membres de l'Association, la Direction et le Conseil d'Administration de l'Ecole contribuent au placement des Anciens Elèves.

Il est fait peu de publicité.

Il n'a pas été tenu de statistique détaillée, mais on peut dire que fort peu d'Anciens Elèves se sont adressés à l'Association sans être placés.

En dehors de la correspondance, aucune dépense spéciale n'est affectée au Service de placement.

(Annexe 12)

Association des Anciens Élèves de l'École Supérieure de Commerce de Lille

RÉPONSE AU QUESTIONNAIRE (annexe 6)

L'Association des Anciens Elèves de l'Ecole de Lille fournit les renseignements suivants :

Oui, nous avons une Commission des places et un Service de fiches anonymes que nous soumettons à ceux des Commerçants qui nous demandent un employé.

Le Commerçant voit plusieurs fiches, choisit, et alors seulement, nous lui envoyons le candidat.

Notre service de placement fonctionne depuis 1899.

Les Anciens Elèves et la Direction de l'Ecole participent au placement des Anciens Elèves.

Le Conseil d'Administration n'y participe pas.

Il est envoyé des circulaires et il est fait une certaine publicité.

Parmi les candidats placés, nous en avons :

France	Commerce	30
	Banque	10
	Industrie	80
	Administration	10
Etranger	Europe	2
	Hors d'Europe	2

Les dépenses relatives au Service de placement sont de deux cent cinquante à trois cents francs par an.

(Annexe 13)

Association des Anciens Élèves des Écoles Supérieures de Commerce & d'Industrie de Rouen

---

RÉPONSE AU QUESTIONNAIRE (annexe 6)

Une Commission de placement existe depuis la réorganisation de l'Ecole, en 1897.

Cette Commission est composée de trois Membres.

Comme publicité, l'Association emploie :

1° Des circulaires individuelles, chaque fois qu'il en est besoin ;

2° L'insertion des demandes d'emploi au Bulletin mensuel ;

3° Des annonces faites dans les journaux ou organes s'intéressant au Commerce.

Les Anciens Elèves et la Direction de l'Ecole s'occupent activement de la question du placement des Anciens Elèves.

Enfin, quand toutes ces interventions n'ont pas donné de résultats, le Candidat s'adresse à l'Union des Associations (1).

Le chiffre des candidats placés est d'environ sept à huit par an, soit 40 à 45, depuis 1897.

(1) Sept Anciens Elèves ont été placés par l'Union, en 1902.

Le nombre des demandes d'emploi est plus considérable que celui des offres.

Sur les 45 Elèves placés, voici à peu près la répartition :

Commerce	12
Banque.	4
Industrie	18
Administration	3
Colonies	2
Europe.	6
Hors d'Europe	2

Les dépenses consistent en frais de correspondance et en quelques articles payés dans les journaux, soit environ cinquante francs par an.

(Annexe 14)

Association des Anciens Elèves de l'Ecole Supérieure de Commerce du Havre

---

RÉPONSE AU QUESTIONNAIRE (annexe 6)

L'Association du Havre nous informe qu'elle n'a pas d'organisation spéciale pour le placement de ses Membres. Le secrétaire-adjoint est chargé, depuis deux ans, de centraliser les offres et demandes d'emploi et d'en informer les intéressés.

Il n'a pas été tenu compte des résultats obtenus ; d'autre part, la plupart des Anciens Elèves de l'Ecole du Havre s'adressent à l'Union des Associations « dont le Service de placement, établi sur une plus grande échelle, permet de bien meilleurs résultats ».

(Annexe 15)

Union Amicale des Anciens Elèves de l'Ecole Supérieure de Commerce de Paris

RÉPONSE AU QUESTIONNAIRE (annexe 6)

L'Association des Anciens Elèves de l'Ecole Supérieure de Commerce de Paris existe depuis trente-deux ans. C'est de beaucoup la plus ancienne des Associations comme l'Ecole est également la plus ancienne, puisqu'elle a été fondée en 1820.

Jusqu'en 1900, l'Association n'a pas eu d'organisation spéciale pour le Service de placement. Les Elèves sortants se plaçaient naturellement, soit par l'intermédiaire de leurs anciens camarades, soit par l'entremise de la Direction de l'Ecole.

Depuis cette époque, il a été constitué une Commission des places composée de cinq Membres pris dans le Comité, plus un Membre-adjoint pris en dehors du Comité.

Cette commission s'est mise à l'œuvre et, grâce à la bonne entente de ses Membres et au concours actif de M. Cantagrel, le Directeur de l'Ecole et de M. Rollin, le Sous-Directeur, elle est arrivée à caser, à très peu de chose près, tous ceux qui se sont adressés à elle.

Le service a été centralisé à l'Ecole, où M. Cantagrel a mis un employé à la disposition de la Commission.

Comme publicité, la Commission a employé des petites circulaires forme cartes, des circulaires ordinaires et aussi la publicité dans le Bulletin trimestriel.

Depuis quelque temps, la Commission a renoncé à la publicité du Bulletin pour les demandes d'emploi. En effet, une demande faite en janvier n'a aucune chance d'obtenir satisfaction pour une insertion faite en mars. Le candidat ne peut pas attendre aussi longtemps et dans les questions de placement, il faut aller vite.

Elèves placés en 1901 15
— en 1902 30

Dans ce dernier chiffre sont compris cinq emplois dans les succursales de la Banque de France, obtenus grâce aux démarches de M. Cantagrel.

Dans le cours de l'année 1902, la Commission des places s'est livrée à une grande enquête auprès des Compagnies de colonisation, des présidents des Chambres de Commerce françaises à l'Etranger et des Consuls afin de savoir quelles étaient pour les jeunes gens sortant de nos écoles, les conditions à remplir pour trouver des emplois à l'Etranger.

Les réponses parvenues sont celles des Chambres de Commerce françaises de :

Alexandrie, Anvers, Barcelone, Bruxelles, Genève, Lisbonne, Londres, Liège, Montréal, Milan, Naples, New-York.

Celles des Consuls proviennent des consulats généraux de France à :

Anvers, Barcelone, Brême, Bâle, Charleroi, Cadix, Cardiff, Fiume, Genève, Hambourg, Liège, Libourne, Londres, Montréal, Moscou, Milan, New-York, Riga, San-Francisco, Saint-Sébastien, Swansea, Sofia, Trieste, Valence, Varna, Varsovie, Zurich.

Les réponses reçues ne sont pas très encourageantes, il semble résulter que, dans tous les pays ci-dessus, il est difficile pour un Français de trouver une situation, même lorsqu'il connaît bien la langue du pays ; que le nombre des demandes excède partout les offres : qu'une place vacante est sollicitée par un grand nombre de candidats et pour cette raison, les situations ne sont pas très lucratives.

Quoiqu'il en soit, les lettres reçues forment un dossier très intéressant qui a été déposé à la bibliothèque de l'Ecole et qui est à la disposition des intéressés.

Il est bon d'ajouter que tous nos Consuls nous ont donné l'assurance qu'ils accueilleraient avec la plus grande bienveillance tous ceux de nos camarades qui auraient besoin de leur concours.

Voici la répartition des Elèves placés, par pays :

Paris	510
Départements	350
Colonies et Algérie	17
Alsace-Lorraine	21
Europe	110
Afrique	19
Asie	6
Amerique du Nord	6
Amérique Centrale	21
Amérique du Sud	31
Australie	1

Comme dépenses, il n'y a à compter que celles de correspondance.

Il a été alloué cent francs à l'Union des Associations.

(Annexe 16)

Association Amicale des Anciens Elèves de l'Institut Commercial de Paris

RÉPONSE AU QUESTIONNAIRE (annexe 6)

Une Commission spéciale de cinq Membres dont un Président s'occupe du service de placement. Ces cinq membres sont choisis chacun dans une branche différente et parmi ceux qui, par leurs relations et la situation qu'ils occupent, sont les plus à même de procurer des emplois.

Cette Commission se réunit régulièrement tous les mois. Tout Membre de l'Association peut assister aux séances qu'elle tient et lui apporter l'appui de son concours.

La Commission présente à chaque séance du Comité de l'Association un rapport sur ses travaux.

Cette organisation fonctionne depuis 1887, date de la fondation de l'Association.

Les moyens employés sont :

1° Envoi de circulaires, régulièrement chaque mois, aux maisons de commerce.

2° Lettres de recommandation auprès des chefs de maisons.

3° Dans toute lettre expédiée par un des services de l'Association, addition d'un post-scriptum rappelant l'existence de la Commission de placement, le but qu'elle poursuit et sollicitant un concours.

4° Propagande verbale par tous les Membres de l'Association.

5° Information de toute situation vacante ou créée se produisant dans la maison où un des Membres de l'Association est placé.

6° Concours du Directeur de l'Institut Commercial, des Membres du Conseil d'Administration de l'Ecole, des Membres fondateurs, honoraires et donateurs de l'Association.

7° Publicité importante dans le bulletin de l'Association.

8° Intermédiaire de l'Union.

Les résultats obtenus sont :

Candidats inscrits	375
Candidats placés	245

soit une moyenne de 60 0/0.

La moyenne des candidats placés, par rapport au nombre de candidats inscrits, est en progression croissante d'année en année.

Répartition des Candidats placés	Commerce . . .	75 0/0
	Banque	10 0/0
	Industrie	12 0/C
	Administration . .	3 0/0
Répartition dans le monde	France.	75 0/0
	Colonies	5 0/0
	Etranger	20 0/0

Paul VANDAL
Président de la Commission de Placement.

(Annexe 17)

Association des Anciens Elèves de l'Ecole Supérieure de Commerce de Venise

RÉPONSE AU QUESTIONNAIRE (annexe 6)

Voici les renseignements fournis par l'Association de Venise.

Relativement aux offres et aux demandes d'emploi, elles sont toutes concentrées entre les mains du Président ou, à son défaut, du secrétaire.

Ce service fonctionne depuis la constitution de la Société, en 1898.

Comme publicité, l'Association envoie des circulaires imprimées aux principales maisons de l'Italie et à quelques-unes de l'Etranger et aussi une autre circulaire demandant d'indiquer les postes vacants.

En plus, l'Association est abonnée à quelques journaux publiant les emplois disponibles et est aussi en relations avec des Agences de placement.

La Direction de l'Ecole et les professeurs prêtent leur concours au placement des Anciens Elèves.

Sans avoir une statistique très exacte, voici les résultats obtenus :

Placés en Italie	1899 . . .	10
—	1900 . . .	25
—	1901 . . .	28
—	1902 . . .	32

Les dépenses relatives au placement, sont comprises dans celles de l'Association.

(Annexe 18)

Association des Anciens Elèves de l'Ecole Supérieure de Commerce de Bari

---

RÉPONSE AU QUESTIONNAIRE (annexe 6)

L'Association des Anciens Elèves de l'Ecole de Bari répond qu'elle a organisé un service de placement qui fonctionne depuis 1901.

Le Comité de placement est composé de Membres choisis parmi ceux ayant le plus d'expérience et de relations, il est assisté par un autre Comité de professeurs, présidé par le Président de la Chambre de Commerce.

Quant un poste vacant est connu, il est mis au concours parmi les candidats.

Le Comité, composé comme il est dit ci-dessus, désigne le candidat qui doit être présenté.

Voici, au point de vue statistique, les résultats obtenus en 1902.

Candidats.	115
Offres	108
Placés.	98
Dont en Europe.	8
Hors d'Europe	11

Les Anciens Elèves profitent des bourses de voyage établies par le Ministère du Commerce.

Les dépenses ont été de cent trente francs, pour l'année 1902.

DISCUSSION

M. Girod. — Messieurs, vous venez d'entendre un rapport extrêmement remarquable, contenant un très grand nombre de détails du plus haut intérêt. Il peut avoir une influence considérable sur la marche de vos travaux. En tout cas, il laissera une profonde empreinte dans vos esprits, et, avant que vous ne le discutiez, je tiens à adresser au savant et consciencieux rapporteur, M. Pathier, les félicitations sincères de M. le Ministre du Commerce, félicitations auxquelles je suis heureux de joindre les miennes. (Vifs applaudissements.)

M. Siegfried. — Je n'ai plus à faire l'éloge de M. Pathier, qui est l'un de nos Membres les plus actifs et les plus distingués, et je joins bien volontiers mes félicitations à celles qui viennent de lui être si justement adressées. (Nouveaux applaudissements.)

Quelqu'un demande-t-il la parole ?

M. Pagnon. — Je demande la parole.

M. Siegfried. — J'ouvre la discussion ; la parole est à M. Pagnon.

M. Pagnon. — J'ai entendu avec le plus grand intérêt le précieux rapport que vient de nous présenter notre collègue, M. Pathier. Je désirerais ajouter quelques observations, fruit d'une expérience déjà longue, sur cette importante question du placement des Anciens Elèves Membres de nos Associations.

Il semble que ce doive être là l'un des buts principaux, je ne dis pas le but principal, de nos Associations. Pour l'atteindre, il me paraît utile de s'assurer d'abord la collaboration du Directeur de l'Ecole à laquelle chacune de nos Associations se rattache. Cela s'explique aisément, comme vous allez le voir : lorsqu'une maison de commerce s'adresse à nous pour obtenir un employé, il est nécessaire que nous ayons, sur les qualités du jeune homme que nous voulons placer, des renseignements précis, tant au point de vue pratique qu'au point de vue technique. Ces renseignements, le Directeur de l'Ecole d'où est sorti le membre de l'Association pourra les retrouver facilement à l'aide des notes données pendant le cours des études. Je crois donc que l'une des conditions essentielles, l'une des bases du bon fonctionnement du placement des Membres de nos Associations, c'est une bonne harmonie, une bonne entente constante avec les Directeurs de nos Ecoles.

Du rapport de notre excellent collègue, M. Pathier, il semble résulter qu'il nous faille faire beaucoup de réclame ; cela peut être juste jusqu'à un certain point ; mais, en entendant la lecture de ce rapport, je notais quelques-unes de mes impressions, afin de vous les faire connaître. Je vois que j'ai entre autres remarques, noté que le meilleur moyen de se procurer une clientèle de maisons de commerce s'adressant à nous, c'est de fournir de la « bonne marchandise », passez-moi le mot. C'est la vraie règle, elle est supérieure à celle de la réclame.

Et, à ce propos, permettez-moi de vous rappeler un fait personnel : Un jour, il y a déjà quelque temps de cela, alors que j'étais Président de l'Association des Anciens Elèves de l'Ecole de Lyon, j'eus l'occasion de placer dans l'une des grandes maisons de soieries de la ville un de nos camarades : la maison fut enchantée de l'employé ; il y a vingt ans que je fis ce placement : or, comme les patrons étaient contents, toutes les fois qu'ils ont besoin d'un employé, ils me le demandent, à moi qui ne suis plus président de l'Association. Etant devenu président d'honneur, je passe les demandes à notre président, qui y donne la suite qu'elles comportent. Ceci dit, pour prouver une fois de plus, ce qui n'a même plus besoin d'être prouvé : c'est qu'il n'y a rien de tel que la qualité d'un produit pour en assurer le placement. (Applaudissements.)

Mais il faut savoir sérier les produits. Il n'y en a pas que de bons, et on nous le reproche quelquefois. Permettez-moi de faire remarquer que ce n'est là qu'une simple objection à laquelle nous pouvons facilement répondre : il n'y a pas que de bons produits, c'est vrai, mais il n'y a pas que de bons emplois. (Très bien !) Il y a des emplois de différentes natures ; il y a plusieurs catégories d'emplois : il y a d'abord ceux qui exigent des hommes de premier ordre ; puis il y a ceux auxquels peuvent convenir des employés d'un ordre inférieur, et même ceux qui ne demandent que les camarades qui, à l'Ecole, sont appelés les mauvais élèves.

Puisqu'il y a de bons et de mauvais élèves, il y a aussi de bons et de mauvais emplois, et il s'agit de savoir choisir à l'occasion : il y a place pour le bon employé comme pour le mauvais. Il faut mettre chacun dans la place qui lui convient. Il ne faut jamais chercher (c'est une règle à mon sens), à boucher une offre avec une demande sans s'occuper de savoir si cette offre convient à la demande. (Applaudissements.)

Et puisque nous en sommes aux catégories d'employés, permettez-moi d'en parler un peu plus longuement, quoique je craigne d'abuser de vos instants : il y a des catégories d'employés qui sont trop rares et que nous ne pouvons arriver à fournir en quantité suffisante. Je vais vous en citer quelques-unes, en me plaçant spécialement au regard de ce qui se passe à Lyon ; mais je suppose qu'il en est de même un peu partout.

Il y a d'abord (et je vous surprendrai peut-être, mais cela se passe tout au moins à Lyon) il y a d'abord peu de nos jeunes gens disposés à entrer dans la comptabilité. A Lyon, tout au moins, nous avons une peine infinie à trouver de bons sujets. Sans être le « mauvais élève, l'employé de plomb » dont je parlais tout à l'heure, il y en a très peu qui consentent à entrer dans la comptabilité. Et cependant, les programmes de nos Ecoles font une assez large place à la comptabilité. Je dois néanmoins avouer que c'est une « marchandise » qui nous manque très fréquemment à Lyon.

Une autre catégorie d'employés qui nous manque également, à Lyon tout au moins, c'est celle des bons vendeurs. Mais aussi, est-ce la faute de nos élèves?... Je voudrais bien qu'on m'enseignât comment, dans nos Ecoles, on pourrait former de bons vendeurs. Si l'on pouvait ajouter un cours spécial dans nos Ecoles, cela serait vraiment utile. J'ai cherché où cela se faisait, je ne l'ai pas trouvé; cela existe peut-être, mais je ne sais où. En tout cas, ce serait très utile et il faudrait se décider à le faire : c'est un article qui manque.

Encore un autre article qui fait défaut : c'est l'employé qui parle les langues étrangères. Je ne parle pas de l'employé qui les sait un peu, puisque tous les Elèves sortant de nos Ecoles sont obligés de savoir au moins grammaticalement une langue étrangère. Mais cela ne suffit pas : il faut que nos Ecoles de Commerce arrivent à donner un enseignement de langues tellement intime, tellement sérieux, tellement complet que lorsque nous questionnerons des jeunes gens, ils ne nous disent plus « Je sais l'anglais comme on le sait à l'Ecole ». Il faut qu'ils le sachent comme on le parle en Angleterre, il faut qu'ils sachent l'allemand comme on le parle en Allemagne. Il n'y a plus place pour ces demi-connaissances ; il faut, pour que l'Enseignement Commercial français se mette à la tête de l'Enseignement moderne, qu'il y ait dans nos Ecoles un Cours complet de langues étrangères. (Applaudissements.)

A Lyon, nous avons commencé.

Permettez-moi de vous exposer ce que nous avons fait :

Nous avons pensé qu'il était nécessaire de développer la connaissance des langues étrangères parmi les Elèves de notre Ecole, tout en conservant les cours de grammaire actuellement professés. Nous avons alors ajouté des cours de conversation.

Nous répartissons les Elèves par groupes de cinq, et chacun de ces groupes pour chacune des langues enseignées, passe trois fois par semaine entre les mains des professeurs chargés d'enseigner la langue qu'il faut apprendre.

Il y a là, il est vrai, une dépense considérable, mais aussi que de bons résultats on obtient ! On apprend à parler de sujets pratiques ; on traite de questions à l'ordre du jour ; on discute un article de journal, un fait divers d'actualité, comme par exemple, en ce moment, la visite du Président Loubet à Londres, pour ne citer que celui-là.

Il y a donc de ce côté, une modification considérable aux programmes ordinaires de nos Ecoles ; nous ne l'avons pas trouvé suffisante : nous avons organisé un service spécial qui pousse nos jeunes gens à aller passer quelque temps de vacances à l'étranger. J'ajoute que l'enseignement grammatical est toujours donné dans la langue enseignée, sauf dans les débuts. En ajoutant à l'enseignement grammatical l'enseignement par la conversation, et en y ajoutant la poussée de nos jeunes gens à l'étranger pendant leurs vacances, nous obtenons d'excellents résultats, ainsi que se plaisent à le reconnaître nos examinateurs. Il y a soixante pour cent de nos Elèves qui vont passer leurs vacances à l'étranger. (Applaudissements.)

Je voudrais vous faire part de trois faits, fruits de ma longue expérience, comme Président de l'Association de Lyon :

Le premier fait qui doive retenir notre attention, c'est que ce ne sont pas les emplois qui manquent, ce sont les employés. Qu'on se mette bien cela dans la tête. Les bons employés manquent dans notre pays. Quelque pénible que soit l'aveu, il faut le faire, dans l'intérêt même de nos Associations et de nos Ecoles. (Bravos.) Il y a des entreprises qui ne se font pas faute de bons employés ; il y a des entreprises qui ne se font pas parce qu'on ne trouve pas un employé à mettre dans un poste déterminé. Ah ! s'il y avait quelqu'un qui puisse faire cela !... (Applaudissements.)

Un second fait : quelles que soient vos qualités, quels que soient vos défauts, à vous, employés qui cherchez à vous placer, sachez choisir et accepter l'emploi qui vous convient. Nous avions un jeune homme qui demandait une place ; il avait un défaut : il bégayait et il craignait que ce défaut ne l'empêchât de se caser comme il le désirait. Je connaissais une maison qui cherchait un employé ; je lui présentai ce jeune homme qui fut agréé. Il savait s'arrêter à temps. Il a donc été pris, et il a réussi. Je dois même ajouter quelque chose d'immoral : il a remplacé son chef, et aujourd'hui, il est le chef de la maison. Il a été pris pour son défaut. Voilà encore quelque chose qu'il faut que l'on sache.

Enfin, troisième observation : nous rencontrons souvent des Anciens Elèves, des Elèves de l'Ecole de Lyon, par exemple, qui nous disent : « Ah ! mais moi, je suis facile à placer ; je n'y regarderai pas ; je suis prêt à m'expatrier. » Ceux-là commettent une grave erreur. On n'expatrie que le dessus du panier : on n'expatrie que ce que l'on a de meilleur. Il faut dire cela à nos jeunes gens ; il faut leur faire comprendre que pour s'expatrier il est nécessaire de posséder des qualités supérieures. En ce qui nous concerne, nous, gens du midi, puisqu'ici on nous considère comme des méridionaux, nous n'envoyons à l'exportation que les meilleurs de nos fruits. Nous pensons, non sans quelque raison, je suppose, que pour envoyer en Indo-Chine ou à Madagascar un employé quelconque, même un comptable, il faut en être beaucoup plus sûr que d'un employé qu'on voudrait placer dans la Mère-Patrie. Voilà une chose que nos jeunes gens, Anciens Elèves de nos Ecoles, Membres de nos Associations, doivent savoir.

Je vous demande pardon, Messieurs, d'avoir retenu aussi longtemps votre bienveillante attention, mais je tenais à vous faire ces quelques observations, qui sont le résultat d'un long travail à la tête de l'Association de Lyon. En terminant, je tiens à adresser tous mes compliments à l'Union de Paris, pour les succès réels qu'elle obtient dans le placement de ses Membres et des Elèves de nos Associations. Nous regrettons de ne pas nous en servir davantage ; nous sommes particularistes à Lyon ; nous faisons notre cuisine nous-mêmes ; mais cela ne nous empêche pas d'avoir de la sympathie et de l'admiration pour les travaux qui se font avec tant de fruit et de résultat à Paris.

M. Siegfried. — Je remercie très vivement M. Pagnon des intéressantes observations qu'il vient de présenter. Nous ne pouvons que profiter de sa longue et intelligente expérience, et je suis heureux de le remercier de nous avoir fait part de ses remarques. Cependant, je tiens à lui répondre sur l'un des derniers points de ses observations. Je ne dirai qu'un mot sur le rôle de l'Union, que je tiens à bien préciser. L'Union a, en effet, très bien réussi avec son service de placements, comme vous l'avez pu voir d'après le tableau synoptique placé sous vos yeux ; mais ces succès sont d'autant plus beaux que l'Union tient essentiellement à ce que chacune des Associations qui la composent, celle de Lyon comme les autres, commence par placer ses propres élèves ; l'Union n'intervient que lorsque les Associations n'ont plus de place. Je ne fais pas la moindre difficulté pour déclarer que l'Association de Lyon nous fait le plus grand plaisir en s'adressant moins souvent à nous. Nous ne tenons pas à placer le plus grand nombre d'élèves possible ; notre but n'est que de venir en aide aux élèves que les Associations spéciales n'ont pas pu placer. C'est pourquoi nous ne pouvons donner qu'un brevet à l'Ecole de Lyon, en constatant qu'elle ne s'adresse pas souvent à nous (Rires), mais nous devons constater qu'elle s'y adresse comme les autres. L'Ecole de Lyon a placé beaucoup de jeunes gens dans les affaires d'exportation, et nous avons été heureux d'applaudir aux succès de Jacquemier, qui les a obtenus grâce à l'instruction qu'il avait reçue à l'Ecole de Lyon. (Applaudissements.) Mais je m'étonne quelque peu d'entendre notre sympathique collègue dire que les Lyonnais sont particularistes et font leur cuisine eux-mêmes : si je suis bien renseigné, et j'ai des raisons de le croire, je puis affirmer que nous avons placé douze Elèves de l'Ecole de Lyon l'année dernière.

M. Pagnon. — Mais nous ne sommes pas des ingrats, Monsieur le Président.

M. Renouard. — Messieurs, je vous demande pardon de retarder vos travaux, mais je tiens à dire quelques mots au sujet de la communication si intéressante de notre collègue, M. Pagnon. Il vient de toucher à une corde d'actualité : la réforme de l'enseignement donné dans nos Ecoles, en vue de faciliter le placement de nos camarades. C'est aujourd'hui une question pleine d'intérêt, en raison précisément des projets de remaniement de la loi militaire. (Très bien.)

Vous savez tous qu'actuellement le projet de réduction du service militaire va bouleverser les bases de l'enseignement donné dans nos Ecoles, et qu'un certain nombre de Directeurs, dont on ne saurait trop louer la sage prévoyance, se préoccupent de le transformer dans un but particulariste.

Il s'agit aujourd'hui de se demander si l'enseignement actuel est suffisant pour faciliter le placement des Elèves. Je m'explique. Ainsi, par exemple, M. Pagnon nous a dit que, en règle générale, on manquait de bons vendeurs parmi les Membres de nos Associations. C'est malheureusement trop vrai ; en effet, un grand nombre de camarades sortent de nos Ecoles sans savoir à peine s'exprimer en public ; ils sont très timides, et, par conséquent, pourvus de tous les défauts qui empêchent de faire un bon vendeur.

Je me rappelle que l'année dernière, ayant à étudier l'organisation des Ecoles Supérieures de Commerce en Amérique, j'avais été frappé de ce fait, c'est que dans certains cours suivis par les élèves, les différents camarades étaient obligés, une fois par semaine ou une fois par quinzaine, et à tour de rôle, de s'exprimer en public sur divers sujets. Ils acquéraient ainsi une certaine facilité de discourir ; ils acquéraient un certain « bagoût », comme nous disons communément, ce qui faisait qu'en sortant de l'Ecole, ils étaient vraiment Américains, c'est-à-dire hommes à placer la marchandise. Et je rapproche ce fait d'un autre que me citait M. Henry, de l'Institut Commercial. M. Henry me disait qu'on avait institué cela à l'Institut Commercial en 1873, et que les Elèves de cette promotion étaient meilleurs vendeurs, meilleurs placiers que leurs camarades, parce qu'ils étaient moins timides, ayant pris un aplomb tout particulier par l'habitude de s'exprimer en public.

Je me demande donc, et je vous prie d'examiner cela, s'il ne serait pas bon d'exprimer un certain nombre de vœux concordant avec les desiderata exprimés par M. Pagnon : par exemple, que nos Directeurs d'Ecole s'inspirent, dans l'étude des réformes de l'enseignement à propos de la loi militaire, d'introduire des cours tendant à donner à leurs élèves l'habitude de s'exprimer en public ; puis, au sujet de l'étude des langues étrangères, que les différentes Ecoles ou Associations décident, comme cela se fait à Lyon, d'envoyer chaque année le plus grand nombre de nos jeunes camarades à l'étranger ; et ainsi de suite.

Il y a là, entre l'enseignement donné dans nos Ecoles de Commerce et le but vers lequel on veut diriger les élèves, une relation qui peut-être n'existe pas et qu'on pourrait indiquer dans un vœu quelconque. Peut-être pourrait-on profiter de la mise à l'ordre du jour des préoccupations actuelles de la réforme de l'Enseignement Commercial pour que nous, Congrès, nous émettions un vœu demandant que les programmes de l'enseignement soient mis plus en harmonie avec les besoins du placement. Nous nous figurons que nous n'avons à placer que des fils de patrons, qui devraient trouver à se caser chez leurs parents, alors qu'ils doivent chercher eux-mêmes à se caser pour être les véritables commerçants de demain.

M. Siegfried. — Je pense que vous voudrez bien m'approuver de demander à notre aimable collègue, M. Renouard, d'avoir la complaisance de rédiger un vœu résumant ses explications, vœu qu'il me remettra et que je vous lirai à la fin de la discussion, afin que nous puissions voter.

J'approuve d'autant plus la proposition de notre collègue Renouard que j'ai eu l'occasion d'assister moi-même, aux Etats-Unis, aux cours d'élocution dont il parlait tout à l'heure. Et si, pendant le succulent déjeuner auquel nous venons d'assister, M. Pagnon me faisait remarquer que les Américains étaient d'excellents orateurs, je puis dire que dans les dîners et les banquets les jeunes élèves des Ecoles américaines disent d'excellentes choses et les disent très bien, ce qui ne gâte rien. (Rires et applaudissements.)

Comme M. Renouard, je suis d'avis que ces résultats sont obtenus grâce aux cours d'élocution que nous désirerions voir introduire dans nos Ecoles françaises. Ces cours sont très pratiques, et ils sont beaucoup usités aux Etats-Unis. On commence à habituer l'enfant ou l'Elève à s'exprimer en public; on commence de très bonne heure. On habitue le bambin à lire à haute voix sur une tribune très élevée, pour l'accoutumer à ne pas avoir le vertige; puis, après l'avoir habitué à lire, on lui fait réciter quelque chose, et plus tard, on lui fait improviser une démonstration sur un sujet très simple, d'abord, plus compliqué ensuite; enfin, on met deux élèves en présence pour leur demander de discuter n'importe quel sujet. Voilà la méthode suivie aux Etats-Unis, et elle donne d'excellents résultats.

Nul doute que si cette méthode était appliquée dans nos Ecoles, elle ne donnerait de moins bons résultats; elle nous permettrait tout au moins de satisfaire M. Pagnon en nous donnant de bons vendeurs. (Rires et applaudissements.)

Vous demandiez un moyen?... C'est peut-être celui-là le bon!

En écoutant les honorables collègues qui m'ont précédé dans cette discussion, je faisais encore d'autres réflexions précisément au sujet des modifications qui devront être faites dans nos programmes par suite des changements apportés dans la loi militaire. A mon sens il ne faut pas seulement former des jeunes gens qui, une fois entrés dans la place, sauront mettre en œuvre tous leurs moyens pour arriver aux emplois les plus hauts; certes, ceux-là ne doivent pas être découragés, bien au contraire, mais dans nos Ecoles comme dans nos Associations, nous devons surtout viser à faire entrer les jeunes gens en place. Le point le plus difficile, ce n'est pas de se faire valoir dans une place, c'est de trouver le moyen d'y entrer. Or, pour entrer dans une place, il faut savoir faire tout ce dont le patron aura besoin et être au courant de toutes les méthodes employées dans le commerce et l'industrie.

A ce point de vue, je me permettrai de signaler une amélioration à apporter dans les programmes de nos Ecoles. Aujourd'hui, chaque fois qu'un chef de maison demande un employé, il a soin de dire : « Connaît-il la dactylographie?... »; souvent même, et avec raison, il ajoute : « Connaît-il la sténographie?... » Nous devrions, dans nos Ecoles, enseigner l'usage de la machine à écrire; nous devrions nous en préoccuper, parce que, il faut bien le dire, plus on va, plus on est obligé d'écrire vite et plus on écrit mal. Or, rien n'indispose autant un chef de maison qu'une lettre mal écrite. Il s'agit donc de l'intérêt des Elèves dont nous cherchons à faciliter le placement: une lettre mal écrite par un candidat qui désire entrer dans une maison de commerce lui ferme bien souvent, sinon toujours, les portes de cette maison. Si ce même candidat disait : « Je sais employer la machine à écrire » et s'il avait l'idée de le prouver en écrivant sa demande par le procédé dactylographique, il serait reçu presque toujours sans difficultés.

En outre, vous savez que l'emploi de la sténographie se généralise de plus en plus; et, puisque nous parlions des Américains nous devons reconnaître que chez eux le sténographe fait partie du personnel, quelle que soit l'importance de la maison dans laquelle on l'emploie. Si l'on sait un peu de sténographie, on approche plus près du patron. Si vous êtes sténographe, le patron a plus souvent besoin de vous; vous l'approchez continuellement, et il vous est plus facile de vous faire valoir, de vous faire remarquer pour être poussé. Ce sont là des réformes qu'il serait désirable de voir introduire dans les programmes de notre enseignement commercial : cela constituerait une amélioration notable.

M. Pagnon. — Mon cher Président, je suis toujours ou presque toujours d'accord avec vous; voulez-vous cependant me permettre aujourd'hui d'être en désaccord avec vous au sujet de l'introduction de la dactylographie et de la sténographie dans les programmes de notre enseignement commercial. Je ne pense pas que nous devions nous préoccuper de cela; j'entends bien que vous voudriez éviter la mauvaise écriture, en employant ces procédés; mais il y a un moyen, bien meilleur à mon avis, c'est de réformer l'écriture, ou plutôt de réformer les cours d'écriture, tels qu'ils sont faits aujourd'hui dans la presque totalité de nos Ecoles. Nous l'avons fait à Lyon : il suffit, mais cela est nécessaire, que les Elèves écrivent proprement et lisiblement. On a oublié ce vieux principe, bien à tort, je ne sais à la suite de quelle tolérance coupable admise principalement dans certains cours comme ceux des Ecoles de Médecine, qu'il fallait toujours écrire lisiblement. C'est ce que nous demandons à nos Elèves, sans leur demander d'être des artistes calligraphes. La dactylographie n'est pas un remède, et son besoin ne se fait nullement sentir. Quant à la sténographie, elle demande à être mise entre les mains de spécialistes qui puissent acquérir la vitesse nécessaire, mais nos Elèves ne pourraient pas s'en servir utilement.

M. Vigouroux. — Je demande la parole.

M. Pagnon. — Pour être dactylographe et sténographe, il faut un apprentissage particulier, que n'ont pas le temps de faire les Elèves de nos Ecoles. En sténographie, pour arriver à un bon résultat, il ne faut faire que cela. Quant à la dactylographie, c'est l'affaire des demoiselles ; laissons-leur faire cela; laissons-les s'amuser à cela. En ce qui nous concerne, apprenons aux Elèves de nos Ecoles à faire de la bonne écriture et à chiffrer proprement. Je vous demande pardon d'insister sur ce point : c'est une question terre-à-terre que certains Directeurs d'Ecoles traitent trop facilement « par-dessus la jambe ». Nous considérons, à Lyon, qu'il est aussi important de savoir bien écrire que de bien se présenter. M. Siegfried nous disait tout à l'heure que le plus difficile pour un employé, ce n'était pas de se faire valoir, mais d'entrer dans la place. Je suis d'accord avec lui. Pour être facilement admis, il faut une bonne mine, des recommandations souvent, et une bonne écriture. La bonne mine, cela ne se commande pas; la recommandation, nous nous en chargeons ; quant à l'écriture, nous exigeons qu'elle soit bonne. Je ne pense pas que quelqu'un qui se présenterait avec une lettre faite à la machine à écrire serait aussi bien reçu que celui qui a une belle écriture; j'estime qu'on aurait raison de lui préférer l'employé adressant une lettre bien écrite, au bas de laquelle le chef de maison serait heureux d'apposer sa signature. (Bravos.)

M. Sault. — Messieurs, je désirais parler sur cette question, mais comme je n'ai pas pris de leçons du haut de la Tribune, je crains de n'être pas suffisamment éloquent pour me faire comprendre. Il me semble cependant que nous nous sommes bien écartés du sujet qui devrait nous occuper : la question du placement. Il est vrai que tout ce qui vient d'être dit est très intéressant, puisqu'il s'agit des modifications à apporter à nos programmes; je crois que cela pourrait venir utilement plus tard et qu'il y aurait alors beaucoup à dire.

Il y a un principe que je tiens à établir : A l'Institut Commercial, où j'ai été, avant que l'Enseignement Supérieur existât, il y avait un enseignement particulier destiné au commerce d'exportation. J'ai déjà eu entre les mains pas mal d'employés; j'ai cherché à en avoir surtout de chez nous; je n'en ai pas trouvé beaucoup qui fassent l'affaire : ce sont des employés ordinaires. Malgré cela, j'ai constaté que ceux qui sortaient d'une Ecole Supérieure de Commerce s'initiaient beaucoup plus vite aux affaires. J'en ai eu d'autres à qui il fallait expliquer ce que c'est qu'un memorandum. On se forme incontestablement beaucoup plus vite et de bien meilleure façon dans les Ecoles Supérieures de Commerce que dans tous les autres établissements; l'Enseignement commercial rend de grands, de très grands services, et on peut entrer beaucoup plus facilement dans une maison de commerce importante lorsqu'on sort des Ecoles Supérieures de Commerce.

Mais laissez-moi faire une critique à l'égard de nos établissements spéciaux d'Enseignement commercial. Je crois qu'on s'est trompé sur la véritable dénomination de nos Ecoles. Du jour où on les a appelées « Ecoles Supérieures », on a laissé croire qu'il y aurait un trop grand relèvement de l'enseignement, qu'on s'y consacrerait plus spécialement aux sciences, aux mathématiques, qu'on y donnerait un enseignement tout spécial : en un mot, ce serait comme si on voulait préparer les jeunes gens à passer leur baccalauréat commercial. Je ne sais pas si on a eu raison; je ne sais pas si cela ne me plaît guère parce que je suis sorti de l'Institut Commercial avant ces changements, mais je crois que si on revenait à l'ancienne méthode, on obtiendrait de bien meilleurs résultats, pour le recrutement des Élèves et, par suite pour le placement des employés, puisque c'est la question qui nous occupe et à laquelle je reviens.

En ce qui concerne cette question des places, ce que je vous en dirai, c'est « *pro domo suo* ». En terminant son rapport, l'honorable M. Pathier dit que l'Union des Associations ne demande rien et ne reçoit rien, ni des Chambres de Commerce, ni des Sociétés d'Encouragement, ni du Conseil municipal, ni du Gouvernement. Eh bien! nous devons tous venir en aide à l'Union et nous placer à son point de vue; il faut que toutes les Associations d'Anciens Elèves, toutes, vous entendez, viennent à l'Union, parce que, pour avoir un bon service de placement, il faut des ressources, beaucoup de ressources. Il faut de l'argent avant tout. (Très bien.) Certes, nous admirons le travail de M. Pathier, mais la bonne volonté de M. Pathier et de ses collaborateurs ne suffit pas pour assurer le succès d'un service de cette importance; (Applaudissements) il faut de l'argent; il faut que les Associations se pénètrent de ce principe et trouvent les moyens nécessaires d'alimenter la caisse de l'Union. Plus les ressources de l'Union augmenteront, plus les Associations prospèreront, et plus tous les Membres des Associations bénéficieront de notre propagande. (Applaudissements.)

Prenez n'importe laquelle de nos Associations, et vous remarquerez que dans presque toutes il existe la même proportion entre les demandes d'emploi et les offres de places. Je me préoccupe de cette question depuis déjà quelque temps et j'ai pu faire admettre le principe d'une allocation fixe à faire verser à la caisse de l'Union par chacune des Associations; mais ce n'est pas suffisant : il faut que nous trouvions le moyen d'alimenter plus facilement la caisse de l'Union.

M. Kreutzer. — Je demande la parole, M. le Président.

M. Sault. — Ce moyen, est-ce ici qu'il faut le trouver?... Est-ce à l'Union à l'indiquer, ou aux Associations à le chercher ?... Voilà ce que je vous prie d'examiner.

M. Pathier. — Je demande la parole.

M. Siegfried. — Je donnerai d'abord la parole à M. Kreutzer, qui nous parlera de la Hongrie, puis je donnerai la parole à M. Pathier et nous clôturerons probablement la discussion sur cette question.

M. Kreutzer. — Monsieur le Président, Messieurs, avant tout je prends la liberté de vous remercier bien vivement des témoignages de sympathie dont vous m'avez honoré, et je vous demande pardon si je ne m'exprime pas convenablement, mais je commence seulement à parler un peu le français, et je n'étais nullement préparé à prendre part à vos discussions. J'essaie de comprendre toutes les choses intéressantes que vous dites au sujet de l'Enseignement commercial dans votre beau pays, mais je ne suis préparé d'aucune manière pour discuter avec vous. Quant aux choses hongroises, j'en puis parler en connaissance de cause, et je vous demande la permission de vous en dire quelques mots, comme M. le Président a bien voulu m'y autoriser.

Il y a, dans mon pays, en Hongrie, deux Associations d'Anciens Elèves d'Ecoles de Commerce : il y en a une, la plus importante, à Budapest, capitale de la Hongrie, et une autre à Fiume. Cette dernière est une petite Association n'existant encore que depuis fort peu de temps. La première existe déjà depuis trois ans et compte plus de six cents membres. L'Association a pour but (c'est le programme hongrois), le soutien moral et matériel de ses Membres; la distribution de bourses à quelques-uns d'entre eux pour aller faire des voyages à l'étranger; le culte des sciences commerciales; le développement de toutes les œuvres intéressant le Commerce et l'Industrie; l'organisation de représentations et de conférences; l'impression et la rédaction de rapports; etc., etc.

L'année dernière, deux professeurs de Budapest ont fait deux discours à l'Association : le premier, sur un économiste, le Comte Etienne, et le second sur l'orthographe allemande. M. le Docteur Bladchat a fait un discours concernant l'Association Internationale. Enfin, nous avons formé le projet d'éditer un Dictionnaire général du Commerce. (Applaudisssements.)

Tel est l'état actuel de notre Association. Quant à la question du placement des employés, pour cela notre Association est liée avec d'autres Associations ayant plus particulièrement en vue le placement. Il y a en Hongrie, une Union générale des Associations des Employés de Commerce, qui ne comprend pas seulement les Anciens Elèves des Ecoles Supérieures de Commerce, qui en font tous partie, mais tous les Employés de Commerce. Cette Union a pour but le règlement des conditions de service des employés, du repos du dimanche, de la pension obligatoire; puis elle s'occupe de créations diverses, de fédérations. Par exemple, l'Union s'occupe de la question des consommations, de celle aussi intéressante des logements à bon marché. Quant au règlement des conditions de service des employés, grâce aux travaux de l'Union, le Gouvernement hongrois a déjà préparé deux projets de loi pour cela, et nous croyons que, sous peu de temps, par l'initiative de l'Union, ces deux projets seront mis en vigueur.

Quant au repos du dimanche, c'est à peu près chose complètement faite : il y a quelques mois que le Ministre du Commerce hongrois a institué le repos absolu du dimanche pour tous les employés hongrois.

En ce qui concerne la pension obligatoire, il y a un mouvement très avancé en Autriche, et il est à penser que nous aurons sous peu une loi consacrant l'obligation de la pension, tout cela grâce, je le répète, au mouvement de l'Union des Employés de Commerce.

J'ai fait part de ces faits seulement, parce que ces grandes questions sont en concordance avec celles que vous étudiez au sein de vos Associations. Quant à nos Associations, à nos Ecoles Supérieures de Commerce, elles sont d'accord, à tous égards, avec la grande Union des Employés de Commerce.

Cette Union des Employés de Commerce, dont font partie nos Associations, a un bureau spécial pour le placement des employés, et surtout des Anciens Elèves. Ce bureau n'est en activité que depuis peu de temps; et cependant nous avons placé deux cent quarante-deux employés de commerce. (Applaudissements.)

Monsieur le Rapporteur nous a dit qu'en Suisse il existait une Fédération spéciale pour le placement des Employés de Commerce, et que cette Fédération demandait des taxes différentes suivant qu'elle plaçait des membres ou des étrangers en Suisse ou en dehors de la Suisse. Notre Union, en Hongrie, ne demande qu'un franc par employé et par placement; c'est tout : pas plus.

Mais là ne se borne pas notre propagande ; nos Associations, comme l'Union, ont pour but le développement de l'Enseignement Commercial. Or, nous sommes en Hongrie, à la veille d'une réforme de l'Enseignement Commercial; nous avons, à Budapest, un Grand Conseil pour l'étude des questions relatives à l'Enseignement Commercial et industriel. Ce Grand Conseil lance des circulaires traitant les diverses questions commerciales et industrielles, et notre Union des Associations sera appelée à donner son avis sur la réforme préconisée.

Quant à la réforme de l'Enseignement Commercial, je me permettrai d'en dire quelques mots, si, toutefois, vous voulez bien m'y autoriser. (Approbation.) Il est bien vrai, malheureusement, que l'enseignement des langues étrangères manque dans presque tous les pays. Dans notre pays de Hongrie, notamment, il y a besoin de réformer, de réglementer cette partie très importante de nos programmes. Nous avons décidé, à Budapest, dans l'Académie de Commerce, d'organiser des cours de Conservatoire pour les langues étrangères; on distribue les Elèves par petits groupes parlant la même langue, pour obtenir de meilleurs résultats, et nous sommes heureux des résultats obtenus. Nous avons l'intention de suivre l'exemple des Ecoles suisses dans lesquelles on fait régulièrement des conférences sur différents sujets. Il y a là des conférences libres faites par les Elèves eux-mêmes sur un sujet indiqué par le professeur. Le professeur dit, au cours d'une de ses leçons : « La prochaine fois, l'Elève X... fera un discours sur tel sujet » et, lors de la séance suivante, l'Elève X... est obligé de faire son discours et le professeur ouvre la discussion entre tous les camarades de l'orateur.

Cette méthode n'existe pas qu'en Suisse : à Cologne, il y a aussi des leçons de Conservatoire. Ces leçons sont même faites d'une façon toute particulière et très pratique qui mérite de retenir toute votre attention : on donne à lire aux Elèves des extraits de journaux étrangers, parlant de choses générales, par exemple, en français, des extraits de votre grand journal *Le Temps*. Les Elèves sont obligés de lire certains passages du journal, d'en extraire certaines nouvelles, pour les développer ensuite; puis il s'engage une discussion, au cours de laquelle plusieurs discours sont prononcés sur le sujet soulevé et dans une langue étrangère. C'est ainsi qu'à Cologne on est arrivé à la réforme suivante : dans les classes de langues étrangères, il y a deux lecteurs de langues étrangères pris à tour de rôle et les Elèves parlent entre eux la langue qui fait l'objet de la leçon. Voilà comment on devrait apprendre les langues étrangères dans toutes nos Ecoles. (Vifs applaudissements.)

Je vous demande pardon, Messieurs, d'avoir dit tout cela, et je vous remercie de votre bienveillance. (Protestations.) Je tenais à mentionner ces choses-là, parce que l'un des honorables Membres du Congrès qui m'a précédé a dit que ce qui était vrai dans l'Enseignement commercial, c'était de bien faire apprendre les langues étrangères. Eh bien ! oui, c'est vrai, et c'est le rôle de nos Associations, parce que nos Associations ont surtout pour but de développer l'Enseignement des langues étrangères, afin d'utiliser les connaissances que la pratique nous fournit. Voilà, Monsieur le Président et Messieurs les Membres du Congrès, tout ce que j'avais à dire à ce sujet. (Applaudissements prolongés.)

M. SIEGFRIED. — Nous remercions très vivement notre excellent collègue hongrois de son intéressante communication, et je suis sûr d'être l'interprète du Congrès en le félicitant de l'avoir fait en si bons termes, que malgré sa modestie, nous pouvons lui donner l'assurance que nous l'avons tous compris. (Nouveaux applaudissements.)

M. PATHIER. — Je demande la parole.

M. SIEGFRIED. — Nous ne pouvons pas nous éterniser sur cette question.

M. PATHIER. — Vous m'aviez promis la parole.

M. SIEGFRIED. — C'est vrai, mais je vous prierai d'être aussi bref que possible.

M. PATHIER. — Je n'ai qu'une toute petite observation à présenter pour compléter ce que j'ai dit tout à l'heure. Je n'avais pas indiqué les dépenses de l'Union, et je répare immédiatement cette omission.

	Candidats placés	Dépenses
1893	1	30.25
1894	3	102.70
1895	6	175.50
1896	3	181.15
1897	10	265.50
1898	14	575 00
1899	28	726.80
1900	59	1527.30
1901	87	1997.10
1902	111	2308.25
1903 1er semestre	59	1275.00

Ceci répond à l'objection de notre collègue, M. Sault, et j'ai pensé qu'il fallait que ce soit lu. L'Union reçoit quelques subventions d'une part, et fait payer quelques cotisations d'autre part. Cela ne veut pas dire que nous ne devons pas essayer d'obtenir d'autres subventions ni chercher à faire payer ceux que nous plaçons. Au contraire; cela sera très bien vu par notre collègue trésorier, et cela nous permettra de faire beaucoup mieux.

M. SAULT. — J'ai dit et je répète qu'il est nécessaire de bien montrer aux Associations l'utilité, l'intérêt qu'il y a, pour l'Union à disposer de beaucoup de fonds.

M. Pathier. -- C'est évident.

M. Siegfried. — Nous sommes tous d'accord sur ce point. Il est évident que plus l'Union aura de ressources financières, plus elle pourra faire de bien. Nous avons d'ailleurs déjà fait beaucoup de progrès depuis quelque temps.

Je vais mettre aux voix le vœu déposé par MM. Pagnon, Testenoire et Renouard, vœu ainsi libellé :

« *Le Congrès émet le vœu que, dans l'enseignement donné dans les Ecoles Supérieures de Commerce, on tienne mieux compte des conditions que doivent remplir les Elèves pour que leur placement soit plus facile.*

« *Parmi les réformes à apporter dans cet enseignement, le Congrès préconise notamment la pratique de l'élocution et de la discussion en public; les voyages de vacances à l'étranger, en vue de la pratique courante des langues vivantes, etc., tout en laissant à la Direction de chaque Ecole le soin d'adapter les programmes aux nécessités commerciales locales.* »

M. Vigouroux. — Ne pourrait-on pas introduire dans ce vœu l'enseignement de la sténographie et de la machine à écrire?

M. Siegfried.— Je l'avais pensé, mais en présence de ce qui vient d'être dit, je n'insiste pas.

M. Vigouroux. — Il me paraîtrait très utile d'introduire ces questions-là dans nos programmes.

M. Siegfried. — Nous avons pour habitude d'adopter tous nos vœux à l'unanimité; comme il y a eu des objections au sujet de la sténographie et de la machine à écrire, je n'insiste pas.

M. Vigouroux. — Il y aurait pourtant intérêt à insister sur ce point.

M. Testenoire. — Mais il me semble que c'est indiqué dans le vœu, puisqu'il est dit « qu'on devra tenir mieux compte des conditions que doivent remplir les Elèves pour que leur placement soit plus facile, tout en laissant à la Direction de chaque Ecole le soin d'adapter les programmes aux nécessités commerciales locales. »

M. Vigouroux. — On peut spécifier tout de même, surtout pour deux connaissances aussi nécessaires au développement du commerce.

M. Testenoire. — C'est un vœu général; il ne faut pas trop spécialiser dans un vœu.

M. Siegfried. — Je crois que, tel qu'il nous est présenté, le vœu est bien rédigé, et je vais le mettre aux voix.

Le vœu est adopté à l'unanimité.

M. le Président. — Messieurs, je donne la parole à M. Lahens, Délégué de Nancy à l'Union des Associations, pour la lecture de son rapport sur la troisième question portée à l'ordre du jour du Congrès.

ORDRE DU JOUR: *De l'utilité des conférences par les Membres des Associations et leur organisation pratique.*

RAPPORTEUR. — M. Lahens, délégué de Nancy à l'Union des Associations.

Messieurs,

Je tiens tout d'abord à remercier mes collègues du comité de l'Union de l'honneur qu'ils m'ont fait en me désignant comme rapporteur de la question relative à l' « utilité des conférences par les Membres des Associations et de leur organisation pratique ». Je suis en outre très reconnaissant au comité de l'Association de Rouen d'avoir bien voulu ratifier ce choix.

La question dont nous nous occupons, Messieurs, est des plus intéressantes, et doit être examinée en ce congrès avec tout le soin qu'elle mérite.

Jusqu'à présent, malheureusement, elle n'a reçu que des applications trop rares.

Cependant, Messieurs, quel est celui d'entre vous qui, faisant partie d'une ou plusieurs Associations, de quelque sorte que ce soit, ne s'est pas trouvé, au moins une fois, dans l'obligation de prendre la parole en public. Beaucoup ont dû éprouver une grande gêne à ce moment.

Il est, à l'heure actuelle, absolument nécessaire de pouvoir s'exprimer devant un certain nombre de personnes, sans de trop grandes difficultés. Il faut pour cela, avoir une certaine assurance, une certaine facilité d'élocution que la pratique seule permet d'acquérir.

Eh bien ! Messieurs, les conférences que nous vous proposons d'organiser, outre qu'elles réuniront d'anciens camarades très désireux de conserver des relations amicales, sont tout indiquées pour vous permettre d'acquérir cette pratique.

D'autre part, n'oublions pas que les anciens élèves des Ecoles Supérieures de Commerce, ayant fait de solides études économiques qui les rendent aptes à un examen approfondi des questions intéressant le commerce et l'industrie, peuvent, en exposant ces questions à leurs concitoyens, rendre un service éminent au pays.

D'ailleurs, la question des conférences, si elle n'a pas fait les grands progrès qu'on pouvait espérer, n'en est pas moins depuis longtemps à l'ordre du jour.

Notre ancien collègue du comité de l'Union, M. Damour a, en partie, traité ce sujet, au congrès des Associations de 1900.

Pour me rendre compte de ce qu'avaient fait depuis lors les différentes Ecoles et Associations, j'ai tenu à me documenter aux sources mêmes. Je saisis cette occasion pour adresser mes chaleureux remerciements aux nombreux Directeurs d'Ecoles et Présidents d'Associations, qui ont bien voulu répondre avec tant d'empressement aux quelques renseignements que je me suis permis de leur demander.

Dans son rapport de 1900, M. Damour a rappelé que l'Ecole de Paris fut la première à donner le bon exemple. La Conférence Blanqui, instituée en 1883, fonctionna régulièrement pendant quatre années consécutives.

Depuis cette époque, les conférences faites par les Anciens Elèves de l'Ecole de Paris se sont de plus en plus espacées.

Nous devons toutefois mentionner celles de notre excellent vice-président, M. Renouard, toujours si dévoué à nos Associations. (Applaudissements.)

Le Directeur de l'Ecole a cependant remédié en partie à ce regrettable état de choses en organisant des conférences à l'Ecole même. Elles se divisent en deux catégories :

1° Celles faites par des explorateurs ou des savants, qui sont intermittentes et subordonnées aux conférenciers.

2° Celles faites par les élèves en langue étrangère, anglais ou allemand, qui ont lieu régulièrement une fois par semaine.

Quoique ces deux sortes de conférences ne rentrent pas absolument dans le cadre de la question que nous examinons, nous avons tenu à les mentionner, cet exemple pouvant être suivi avec fruit dans les autres Ecoles.

Plusieurs conférences ont été organisées par l'Association de l'Institut Commercial de Paris. Ce sont, plus spécialement, des camarades ayant séjourné à l'étranger qui y ont pris la parole. « C'est ainsi, écrit spirituellement le sympathique président, M. Henry, que nous avons pu nous promener en Afrique, en Amérique, en Asie, etc... »

L'Association de Bordeaux a organisé des réunions semblables.

L'Association de Lyon a surtout créé des cours de conversation en langues étrangères afin de permettre à ses adhérents de ne pas oublier les langues qu'ils avaient apprises à l'Ecole. Cependant, à deux reprises différentes, des conférences ont été faites par des camarades qui firent partie de la Mission envoyée en Chine par la Chambre de Commerce de Lyon.

L'Association de Marseille a, elle aussi, organisé quelques conférences. M. le Directeur de l'Ecole signale, à ce sujet, que : « l'institution de conférences hebdomadaires a donné à un nombre d'anciens élèves une certaine habitude de s'exprimer avec clarté et précision. »

Messieurs, je tiens à remercier particulièrement le distingué Président de l'Association de Rouen qui a bien voulu m'exposer ses projets avec force détails. Je ne saurai mieux faire que de vous lire quelques passages de sa lettre. (Vives marques d'approbation.)

« Notre principe, écrit M. Lefai, serait des conférences faites par des Anciens Elèves occupant des postes de chef de maison, directeurs d'usine, importateurs, chefs d'entreprises minières, etc., sur précisément l'objet de leurs occupations, emploi ou direction, et ces conférences seraient faites à l'Ecole, en dehors, bien entendu, des heures de cours reconnus ; elles auraient lieu sous forme de conversation amicale. Ce serait, en un mot, si je puis m'exprimer ainsi, raconter l'emploi de son temps, la manipulation, le travail auquel on s'emploie soi-même, et les résultats que l'on en obtient.

Nous avons procuré à nos jeunes camarades quelques-unes de ces conférences, mais pas à l'Ecole, sur le lieu même, c'est-à-dire en visitant quelques établissements de la région où l'un des nôtres avait un emploi.

Ce principe de conférences pourrait s'étendre à toutes les Associations, j'entends par là que : Un Lillois, par exemple, attaché à l'exploitation de mines, passant à Rouen, Paris ou ailleurs, puisse faire une conférence parmi nous ; — un Lyonnais sur l'industrie de la soie, etc , etc., et réciproquement. » (Très bien ! très bien !)

Nous avons encore reçu des lettres des Ecoles de Montpellier, Nantes, Dijon, le Havre, qui presque toutes, ont inscrit la question des conférences à leur ordre du jour.

A signaler également, la création par M. le Directeur de l'E. S. C. de Nancy, M. Govin, de cours publics de comptabilité faits par des élèves de deuxième année. (Très bien.)

Une mention spéciale doit être faite aux communications très amicales de MM. les Présidents des Associations de Venise et de Bari.

J'en arrive, Messieurs, aux Diners-Causeries mensuels de l'Union des Associations qui revêtent un caractère spécial. L'exposé de la question et la discussion par les camarades présents. Ces dîners institués il y a quelques années déjà, grâce à l'initiative de notre camarade Guzel, sont les plus florissants et ne contribuent pas peu à la grandeur de l'Union. Notre éminent président, M. Jacques Siegfried a bien voulu nous faire l'honneur de les présider presque tous.

Pour ne mentionner que quelques-uns des sujets de nos derniers Diners-Causeries, je citerai :

Le 12 novembre 1902. — Les nouvelles voies navigables, par M. Jacques Siegfried, président de l'Union.

Le 3 décembre 1902. — L'Avenir économique de Madagascar, par M. Delhorbe (P.).

Le 14 janvier 1903. — L'Indo-Chine économique, par M. Hendrichx (I.-C.).

Le 4 février 1903. — La Politique douanière de la Russie, par M. Aulagnon (H.-E.-C.).

Le 4 mars 1903. — Le Régime monétaire à adopter en Indo-Chine, par M. Max.

Le 1er avril 1903. — L'Industrie minière dans l'Afrique du Sud, par M. Raphael-Georges Lévy, professeur à l'Ecole des Sciences Politiques.

Le 6 mai 1903. — Les Questions à l'ordre du jour du Congrès de Rouen, par M. Renouard (P.).

Le 10 juin 1903. — Le Pain cher, par M. Gossart (B.).

Vous voyez, Messieurs, d'après cette énumération, que l'Union a fait quelquefois appel à des personnalités autres que des Anciens Elèves des Ecoles Supérieures de Commerce.

Nous avons été très heureux et très flattés du concours précieux que ces personnes ont bien voulu nous prêter. (Bravos.)

L'Association de Lille a, de son côté, organisé des Dîners-Causeries tri-semestriels où se traitent plus spécialement des sujets commerciaux ou industriels.

Pour l'organisation des conférences, je vous prie, Messieurs, de vous reporter aux conseils pratiques fournis par M. le Président de l'Association de Rouen et aux quelques renseignements que je vous ai donnés sur les Dîners-Causeries de l'Union des Associations.

Je vous engage donc, Messieurs, à développer dans la mesure du possible ou à organiser ce genre de réunions qui ne feront qu'ajouter à la prospérité de nos Associations et de l'Enseignement Commercial Supérieur. (Applaudissements.)

M. Siegfried. — Je remercie bien vivement M. Lahens de son intéressant rapport, que je vais mettre en discussion.

M. Le Mercier.— Pardon, il y a un second rapport sur la question.

M. Pagnon. — Oui, le rapport de M. Boulnois.

M. Siegfried. — C'est vrai; je donne la parole à M. Boulnois pour la lecture de son rapport.

M. Boulnois. — Je ne sais pas s'il est utile que je lise ce que j'avais préparé après ce que vient de dire M. Lahens. (Protestations.) Voici comment j'avais compris la question, et comment j'avais été amené à la traiter : j'avais compris que les conférences devaient être faites par les Anciens Elèves aux anciens et aussi aux nouveaux. Mon rapport n'a plus d'objet, puisque M. Lahens a déjà traité cette question. (Nouvelles protestations.) D'ailleurs, ce n'était pas un rapport, mais une simple note écrite pour amener la discussion sur ce sujet.

M. Siegfried. — Je suis sûr que l'Assemblée sera très heureuse et très fière que le Directeur de l'Ecole de Rouen veuille bien nous donner son opinion.

M. Boulnois. — Je vous ferai remarquer que ce n'est pas un rapport, mais une petite note.

M. Siegfried. — C'est une simple communication.

M. Boulnois. — Parfaitement. J'ai traité la question à peu près comme M. Lahens, et vous avez tous sous les yeux la note que j'avais préparée pour soulever la question plutôt que pour la traiter au fond. Je vous prierai de vous reporter à cette note, que voici :

Le Congrès est appelé à traiter la question des conférences par les Membres des Associations des Anciens Elèves.

Il me paraît intéressant de faire profiter de ces conférences les élèves en cours d'études.

D'abord je remplacerai volontiers le mot conférences par celui de causeries, pour bien indiquer qu'elles sont faites sans prétention, avec simplicité et en camarades.

Les élèves tireraient profit à entendre leurs aînés leur parler des pays parcourus, de leurs mœurs, des échanges qu'il serait possible de faire avec eux. Les questions économiques, la fabrication d'un produit, les difficultés rencontrées au point de vue contentieux dans la pratique des affaires, les transports, les voies naviguables, etc., sont des sources inépuisables de sujets.

Notre enseignement serait ainsi complété souvent et toujours rendu plus vivant, puisque nos élèves pourraient voir d'un peu plus près la vie réelle du négociant.

Je ne me dissimule pas qu'il est difficile de rencontrer d'Anciens Elèves ayant les loisirs nécessaires pour préparer et faire une de ces causeries. Mais chacun traitant le sujet qui lui est familier, la durée de la causerie devant être aussi courte que possible puisqu'elle porterait le plus souvent sur un fait de la pratique commerciale ou industrielle ; il ne me paraît pas impossible d'obtenir des anciens cette marque d'intérêt pour leurs jeunes camarades.

Ces causeries seraient le plus souvent faites par un Ancien Elève de l'Ecole ; mais les Membres de l'Union des Associations, un étranger même, pourraient très bien parler devant nos élèves.

Tous y trouveraient intérêt et profit.

Les auditeurs pourraient discuter les opinions émises ; mais alors il serait utile de prendre les mesures nécessaires pour assurer le maintien de l'ordre et la courtoisie de la discussion.

Ces causeries seraient-elles obligatoires ou facultatives ?

Je ne crois pas qu'elles puissent être obligatoires, elles ressembleraient trop à des cours et les élèves ne s'y sentiraient pas suffisamment libres. Elles seront facultatives, les élèves y viendront parce qu'elles seront intéressantes.

Voulez-vous me permettre de compléter cette note par quelques courtes explications ?

M. Siegfried. — Parfaitement.

M. Boulnois. — Ce que j'ai voulu dire, c'est que si les conférences qui sont faites aux Anciens Elèves sont très utiles, elles seraient aussi très utiles aux élèves en cours d'études. Je ne vois pas pourquoi un Ancien Elève ne viendrait pas faire des conférencs aux élèves en cours, sur les pays qu'il aurait visités, sur les difficultés qu'il aurait rencontrées depuis sa sortie de l'Ecole, sur son expérience des affaires, sur les questions contentieuses, etc. On peut m'objecter qu'on ne trouvera pas beaucoup d'Anciens Elèves disposés à faire des conférences, parce que, d'une part, beaucoup d'Anciens Elèves n'ont pas de bien grands loisirs, et que, d'autre part, ceux qui en ont ne consentiront probablement pas à venir instruire leurs jeunés camarades. Mais ce n'est là qu'une probabilité et je ne considère pas cette objection comme un obstacle sérieux. Je pense donc qu'il est utile d'émettre le vœu que les Anciens viennent parler souvent, aussi souvent que possible, devant leurs jeunes camarades; les causeries ne seraient pas longues et ne porteraient que sur des sujets qui leur seraient familiers.

M. Siegfried. — Elles auraient lieu en dehors des heures de classe, le soir, par exemple.

M. Boulnois. — Parfaitement.

M. Siegfried. — Ou le jeudi.

M. Boulnois. — Oui, ou le jeudi, ou bien après les cours. Sans avoir consulté notre Président, M. Lefai, je m'aperçois que nous sommes à peu près d'accord sur la nature et l'organisation de ces causeries.

M. Lefai. — Oui, c'est comme cela que je les comprends.

M. Siegfried. — Mais les programmes sont déjà bien chargés. Croyez-vous que vous pourrez obtenir la présence des Elèves le soir ?

M. Boulnois. — Ce ne serait que des causeries occasionnelles et non pas faites à intervalles réguliers et trop souvent rapprochés. Il me semble qu'on pourrait bien demander au moins une demi-heure par mois pour ces causeries ; ce ne serait pas se montrer trop exigeant.

M. SIEGFRIED. — Ce ne serait pas obligatoire, sans doute; ce ne serait que facultatif?

M. BOULNOIS. — Parfaitement, ce ne serait que facultatif.

M. SIEGFRIED. — Ceux qui auraient intérêt à suivre ces causeries les écouteraient. Cela pourrait n'être fait que sous forme d'expérience; on en verrait les résultats, et si cela prenait, on continuerait?

M. BOULNOIS. — Il y aurait lieu aussi d'examiner comment on pourrait récompenser les élèves assistant à ces causeries.

M. TESTENOIRE. — Il est évident que des conférences faites aux jeunes gens des Ecoles par les Anciens Elèves pourraient donner d'excellents résultats, tant au point de vue de l'instruction des jeunes, qu'au point de vue de l'habitude de la parole. Mais je ne sais pas si l'organisation en est bien facile. Nous avons essayé à Lyon; nous avions réussi, par trois fois; mais nous avons dû y renoncer, pour plusieurs motifs : le premier, c'est que nos camarades sont employés dans des maisons de commerce où ils travaillent souvent jusqu'à sept heures du soir, et qu'il leur est difficile de s'imposer, après cela, un travail supplémentaire. En outre, il existe à Lyon des conférences faites par différentes Sociétés auxquelles beaucoup de nos Membres sont affiliés : Société de Géographie, Société d'Economie politique, etc. Ces Sociétés se réunissent périodiquement; beaucoup de nos camarades assistent aux séances, et plusieurs d'entre eux y ont pris la parole.

Mais nous avons organisé autre chose, d'accord avec notre excellent député, M. Aynard. Comme nous n'avons en vue que l'éducation de nos élèves et de nos membres, nous avons institué un concours annuel, auquel peuvent prendre part tous nos camarades, jusqu'à l'âge de quarante ans. Ce concours porte sur trois sujets différents, et, chaque année le jury décerne des prix variant de 200 à 500, 700 et même 800 francs. Ces prix sont fournis, 3/4 par M. Aynard, et 1/4 par le Conseil de l'Ecole.

Ce mode d'émulation a donné de bons résultats, car il nous a permis de publier des renseignements intéressants sur un grand nombre de questions et il nous a fourni des discussions économiques pleines d'attrait. Je ne voudrais pas vous citer tous les titres des sujets traités au concours depuis 1884. Je me bornerai à vous citer ceux donnés depuis 1900.

Concours Aynard 1900.

I Etude sur les méthodes d'expansion commerciale de l'Allemagne.

II Etude sur une des industries de la région lyonnaise représentée à l'Exposition de 1900.

III Etude sur les Institutions de Patronage industriel ou commercial de la région lyonnaise.

Concours Aynard 1901.

I De l'apparition de la concurrence des industries américaines sur les marchés de l'Europe, de l'avenir de cette concurrence et des moyens de la combattre.

II De la légitimité du droit de coalition (coalition d'ouvriers et de patrons), les grèves en France et à l'étranger pendant l'année 1900, leurs motifs, leurs résultats, leurs conséquences.

III Etude sur les avantages que présentent, pour le commerce, le raccordement et l'action combinés des chemins de fer et de la navigation. (Exposer l'organisation commerciale et rechercher les conséquences économiques de cette soudure entre les voies ferrées et les voies fluviales en France et à l'étranger.)

Concours Aynard 1902.

I Des rapports entre la productivité du travail et la limitation légale des heures de travail en France et à l'étranger.

II Exposer et apprécier les doctrines de l'Ecole dite des Hauts-Salaires : Un peuple a-t-il intérêt à l'élévation des salaires.

III De l'influence des diverses percées des Alpes sur le trafic des ports de Marseille et de Gênes.

IV De l'importance actuelle et du développement du tissage de la soie chez les différents peuples.

Concours Aynard 1903.

I Quels sont les pays d'exportation de la fabrique française de soieries. Importance de cette exportation. — Son avenir.

II Quelles ressources offrent au Commerce d'importation et d'exportation de la métropole les colonies françaises actuelles.

III Exposé de la situation actuelle de la marine marchande française. — Etude des moyens d'assurer son développement.

Je suis persuadé que ces concours pourront réunir un grand nombre de sujets et intéresser beaucoup de nos camarades, Elèves ou Anciens Elèves. Et puisque nous ne pouvons pas amener nos Sociétaires à des conférences, nous avons pensé qu'il était utile de développer leur esprit de travail par ces concours annuels. Et je termine en disant que si l'on devait renoncer à la création des conférences, on pourrait faire dans toutes les Ecoles un concours identique au nôtre.

M. SIEGFRIED. — Quelqu'un demande-t-il la parole sur ce sujet ?...

M. PAGNON. — Je ne voudrais pas que ce sujet fût épuisé avant que quelqu'un (et, si vous voulez, ce sera moi) ait dit au nom des membres des Associations de province qui ne peuvent pas assister à vos Dîners-Causeries mensuels de Paris, combien nous sommes émerveillés de l'intérêt que vous avez su donner aux discussions qui ont lieu au cours de ces fraternelles réunions. Nous lisons avec beaucoup de plaisir les comptes-rendus de ces discussions, que nous rapprocherions bien volontiers des discussions de la Société d'Economie politique de Paris, et l'intérêt de cette lecture est tel que nous devons nos compliments aux organisateurs de ces Dîners-Causeries, et notamment à vous, Monsieur le Président, qui avez su leur donner une tournure et une autorité dont nous vous sommes infiniment reconnaissants. (Applaudissements.)

M. SIEGFRIED. — Je vous remercie, Messieurs, de vos bienveillants applaudissements, et je crois devoir saisir cette occasion pour bien mettre les choses au point : je tiens à établir d'une façon bien nette l'origine de ces Dîners-Causeries. L'initiative en revient à notre camarade Guzel, de Marseille. Pendant longtemps, il nous a demandé d'organiser des réunions ; chaque fois, tout le monde répondait négativement. Puis, comme il insistait toujours, on lui disait: Oui, cela prendra quelques fois ; au premier dîner, par exemple, on sera trente, au second vingt-cinq, puis quinze, puis dix ; puis enfin, il n'y aura plus personne pour manger le dîner et soutenir les discussions. (Rires) Mais notre camarade tenait bon ; Guzel a soutenu sa proposition avec une telle énergie que, finalement, nous lui avons donné satisfaction, et je dois avouer, un peu à ma confusion, que c'était lui seul qui avait raison, puisque nos Dîners-Causeries sont très réussis, et que, à notre grand étonnement, le nombre de nos auditeurs augmente chaque fois. Nous en sommes très heureux, et l'idée nous a paru si intéressante que nous n'hésitons pas à la recommander à toutes les Associations. Nous engageons vivement les Associations à en faire autant chacune dans leur sphère d'action.

M. Pagnon. — Je me permettrai d'ajouter un mot, Monsieur le Président : ces réunions constituent une véritable réclame pour l'Enseignement Supérieur Commercial français.

M. Siegfried. — Je le crois.

Personne ne demande plus la parole ?...

Je déclare la séance levée. Séance demain à neuf heures du matin.

La séance est levée à cinq heures et quart.

---

17 JUILLET 1903

TROISIÈME SÉANCE

Présidence de M. Girod.

La séance est ouverte à neuf heures du matin, sous la présidence de M. Girod, délégué de M. le Ministre du Commerce, assisté de MM. Jacques Siegfried, président de l'Union des Associations et de M. Lefai président de l'Association et du Congrès.

M. Clamageran, l'un des Secrétaires, donne lecture du procès-verbal de la précédente séance.

M. Girod. — Personne ne demande la parole.

Je déclare adopté à l'unanimité le procès-verbal très remarquable, très clair et très complet dont M. Clamageran vient de nous donner lecture.

Avant de donner la parole au rapporteur de la question portée à l'ordre du jour de cette séance, je dois vous donner connaissance du télégramme que voici, expédié d'Amsterdam par l'Association des Anciens Elèves de l'Ecole Supérieure de Commerce de cette ville : « Meilleurs souhaits à l'occasion de votre vingt-cinquième anniversaire. »

(Cette lecture est accueillie par de vifs applaudissements.)

M. Girod. — Je donne la parole à notre ami, M. William Clamageran, pour la lecture de son rapport sur le rôle des Associations au point de vue de l'étude des questions générales du Commerce.

M. Clamageran — Messieurs, ceux d'entre vous qui ont eu la bonne fortune d'assister au Congrès de Paris en 1900, se rappellent que la question qui figure à notre ordre du jour a déjà été discutée dans ce Congrès. Nous retrouvons la trace de cette discussion dans un court passage du compte-rendu sommaire du Congrès de Paris, court passage que je me permets de vous rappeler :

« Une discussion sur la meilleure manière dont les Associations pourraient intervenir auprès des Pouvoirs publics dans les questions relatives au Commerce s'engage entre MM. Jacques Siegfried, Baugue et Eissen. Ensuite le Congrès émet le vœu :

1° Que nos Associations encouragent ou patronnent les créations de cours et conférences;

2° Que des questionnaires commerciaux soient le plus souvent envoyés par elles à ceux de leurs membres habitant l'étranger;

3° Que nos associations soit par des rapports, soit par des démarches, prennent l'initiative d'intervenir auprès des autorités compétentes dans l'étude des questions générales du commerce, de l'industrie et de l'enseignement commercial.

Messieurs, il y a un côté par lequel nous souhaitons que le Congrès de Rouen ressemble au Congrès de Paris : c'est par les aimables souvenirs que ce dernier a laissés dans l'esprit de ceux qui ont eu le privilège d'y assister, et, à ce point de vue, les Rouennais seront hautement flattés si notre Congrès peut vous laisser des impressions aussi aimables que celles que nous avons emportées de Paris. — Mais il y a un autre côté par lequel il ne faut pas que notre Congrès ressemble à celui de 1900 : il ne faut pas que nos discussions soient une répétition plus ou moins dissimulée de ce qui a été dit et fait à Paris. Agir autrement serait vouer à une inefficacité et à une stérilité certaines tous nos Congrès présents et à venir.

Si donc le comité organisateur du deuxième Congrès International de Rouen a cru pouvoir comprendre dans son programme un nouvel examen de la question du Rôle des Associations au point de vue de l'étude des questions générales du Commerce, c'est qu'il a pensé qu'il pourrait être intéressant de rechercher ce qui avait été fait depuis trois ans, précisément dans le sens des vœux émis au Congrès de 1900, et de tirer de cet examen et de ces recherches des conclusions nouvelles pour l'avenir. C'est dans ce sens, croyons-nous, que l'étude de la question pourra plus utilement être faite ce matin.

La conséquence normale de ce que je viens de dire serait que je vous entretienne de ce qui s'est passé depuis trois ans dans l'Union et dans nos différentes Associations. Mais, outre que je risquerais d'être entraîné au delà des limites de la simple exposition de mon rapport, je serais bien mal venu à vous parler de ce qui a été fait à l'Union et dans les Associations, puisque nous avons la bonne fortune de posséder ici les délégués de l'une et ceux de presque toutes les autres, qui pourront nous donner sur ce sujet les avis les plus autorisés. Je vous demanderai donc de laisser la porte ouverte sur ce côté de la question, et, en évitant de la fermer, je m'engagerai dans l'exposé le plus bref de la question, ou plutôt de mon rapport.

J'aurais peut-être dû commencer par là, mais il m'a semblé préférable de poser certains jalons pour la bonne présentation de la question soumise à votre examen. (Applaudissements.)

L'étude des questions générales du Commerce est un des buts principaux que se sont assignées les Associations des Anciens Elèves des Ecoles Supérieures de Commerce et constitue une des branches les plus importantes de leur activité depuis que leur développement leur permet de consacrer à cette étude des forces toujours plus grandes et des éléments de travail et de succès toujours plus efficaces.

L'opportunité qu'il y a pour nos Associations à s'occuper de l'étude des questions générales du Commerce, l'importance des moyens dont elles disposent pour cette étude, tant par le nombre que par la qualité de leurs membres, l'organisation de leur activité en vue de cette étude (Cours, Conférences, Publications, Dîners-Causeries, Réunions diverses), ont d'ores et déjà donné lieu, et particulièrement au cours des séances du Congrès de 1900, à des rapports détaillés, des échanges de vues complets, et des conclusions précises, qui rendent tout à fait superflu que nous nous arrêtions à nouveau sur ces différents points que nous considérons comme connus, étudiés et élucidés, pour nous placer tout de suite à un point de vue plus spécial, mais qui nous semble vraiment pratique et actuel, et rechercher si, dans le dessein qu'ont nos Associations françaises d'augmenter toujours plus leur action en ce qui concerne l'étude des questions générales du Commerce, il convient mieux pour elles de limiter leurs efforts à se perfectionner dans leurs méthodes actuelles de travail et d'influence, en cherchant à obtenir des résultats toujours plus appréciables, mais en se contentant des moyens d'activité qui ont été jusqu'à présent les leurs, ou bien si elles doivent au contraire chercher à agir d'une manière plus directe, élargir leur cercle d'influence, et aller jusqu'à s'organiser pour pouvoir intervenir auprès des Pouvoirs publics, en faveur de telle ou telle réforme commerciale ou industrielle, après en avoir fait l'étude, et agir, en toute connaissance de cause, en faveur de telles ou telles grandes améliorations dans le domaine économique. Au point de développement auquel sont arrivées nos Associations, à les considérer dans leur ensemble, il nous a paru que la question était intéressante à examiner et à résoudre.

Plusieurs arguments peuvent être invoqués en faveur de l'accentuation dans le sens que nous venons d'indiquer de l'activité de nos Associations, au point de vue de l'étude des questions générales du Comme

Etudions la théorie de cette transformation à son origine, ou, pour nous exprimer plus exactement, à l'origine que peuvent le plus avantageusement lui trouver ses meilleurs partisans. N'est-il pas assez naturel et légitime, — diront ces derniers, — que les cinq ou six mille commerçants ou industriels, employés ou patrons, qui composent nos Associations aient la pensée, d'abord, le désir ensuite, de profiter de leur groupement en Associations pour que celui-ci leur serve à contribuer à l'étude et à l'avancement des réformes dont la réalisation serait directement conforme à leur intérêt collectif. Le fait d'être négociant ou industriel, à un degré quelconque de l'échelle des emplois ou des situations, et d'être en même temps Ancien Elève d'une Ecole Supérieure de Commerce, membre d'une de nos Associations, ne produirait-il pas ainsi tous ses effets utiles ?

Ce qui précède étant, pourquoi les Associations et l'Union, — continueront les partisans de la théorie que nous exposons, ne se montreraient-elles pas favorables à ces dispositions de leurs membres ? Ceux-ci, qui trouveraient à nos réunions un plus grand attrait que par le passé, puisque, de temps à autre, ce serait de leurs intérêts directs qu'ils viendraient discuter, seraient plus nombreux, — et nos Associations tout en justifiant de plus en plus leur raison d'être vis-à-vis des anciens élèves, se trouveraient réaliser toujours mieux l'étude des questions du Commerce et servirait en même temps leurs propres intérêts en provoquant des adhésions de membres plus nombreuses et une assiduité de ces derniers aux réunions de plus en plus grande.

La théorie, certes, est séduisante ; et l'organisation si complète et si étendue des Associations et de l'Union en faciliterait la réalisation. Mais cette réalisation correspondrait-elle à des nécessités pratiques bien réelles et, en admettant même qu'elle soit vraiment utile, ne donnerait-elle pas à l'activité de nos Associations un caractère que celles-ci doivent éviter de lui donner en raison même de leur origine et de la nature de leurs éléments constitutifs ?

Nous répondrons d'abord sur le premier point : est-il vraiment utile, soit pour les membres de nos Associations, soit pour nos Associations elles-mêmes de s'engager dans la voie préconisée ? Nous ne le pensons pas. Il nous semble que les membres de nos Associations, par les groupements professionnels, les syndicats régionaux, les assemblées commerciales ou industrielles régulièrement constituées dont ils peuvent faire partie, ou par l'intermédiaire desquels ils peuvent agir, disposent de moyens plus efficaces pour l'étude des questions concernant leurs intérêts directs et spéciaux et pour la défense de leurs revendications particulières que ceux que pourraient leur offrir nos Associations et l'Union, — si complaisamment qu'elles se prêtent à intervenir dans ces circonstances.

D'autre part, l'origine même de nos Associations autoriserait-elle une pareille incursion de leur part dans un domaine qui semble normalement appartenir aux Chambres de Commerce, aux Chambres consultatives et aux autres collectivités analogues qui ont été constituées précisément dans le but qui deviendrait celui de nos Associations le jour où elles s'engageraient dans la nouvelle voie, mais qu'elles ne pourraient jamais réaliser avec l'autorité, l'ampleur et la méthode nécessaires, si influents et compétents que soient les hommes qui sont à leur tête?

Autant il est naturel que, Anciens Elèves d'Ecoles Supérieures de Commerce réunis, nous travaillions d'une manière générale les questions concernant le Commerce et l'Industrie, en apportant à notre étude un esprit d'impartialité et d'indépendance complètes, autant il nous semblerait contraire aux principes qui ont présidé à la constitution et au développement de nos Associations d'engager celles-ci dans des interventions directes et des négociations fréquentes en faveur de questions qu'elles n'ont pas à étudier et à connaître d'aussi près. Nos Associations ne sont en définitive que des Associations « d'Anciens Elèves des Ecoles Supérieures de Commerce. » Il se trouve, tout naturellement, de par les circonstances même, que les Anciens Elèves ainsi associés sont en même temps des commerçants ou des industriels, — mais leur premier attribut, leur attribut principal au regard de nos Associations est d'être avant tout Anciens Elèves des Ecoles Supérieures de Commerce. C'est donc avant tout et surtout comme Anciens Elèves des Ecoles Supérieures de Commerce que nous devons étudier les questions générales du commerce, et c'est en se tenant strictement au rôle qui résulte de cette conception que nos Associations auront dans la circonstance l'attitude la plus normale et la plus régulière. Que de temps à autre, nous n'ayions pas ainsi à faire connaître nos avis sur telle ou telle question d'un ordre un peu plus spécial, nous nous en rendons compte, et, en feuilletant les bulletins de nos Associations et plus particulièrement les bulletins de l'Union, nous retrouverions plusieurs exemples de l'opportunité et de l'efficacité de certains avis ainsi exprimés, — mais cette manière de faire produira toujours un effet d'autant plus grand qu'elle sera employée plus parcimonieusement et que les occasions d'intervenir sous cette forme seront choisies avec un à-propos plus judicieux,

— et nous croyons qu'elle deviendrait vite tout à fait stérile et quelconque si elle était renouvelée trop souvent.

Nous nous résumons : pour les différentes raisons brièvement esquissées qui précèdent, nous estimons que nos Associations ne doivent pas sortir du cadre qu'elles se sont tracées et des limites dans lesquelles elles se sont tenues jusqu'à présent au point de vue de l'étude des questions générales du commerce.

Dans l'intérieur même de ces limites, il y a encore assez de progrès à réaliser pour que notre ardeur trouve l'occasion de s'exercer utilement. Si l'on compare ce qu'ont été les Diners-Causeries de l'Union pendant ces derniers temps avec ce qu'ils étaient au début, on se rendra compte des immeuses résultats obtenus : que l'Union persévère dans cette voie sans modifier le caractère de son activité, — que chacune de nos Associations, dans la mesure des moyens dont elle dispose, s'inspire de l'œuvre de l'Union pour développer ses efforts dans le même sens que celle-ci au point de vue de l'étude des questions du commerce, et nous contribuerons tous ainsi, dans la mesure exacte où nous pouvons le faire, et suivant la méthode la plus rationnelle pour nous, à développer les saines et vraies grandes notions commerciales où nos camarades puiseront les éléments qui leur sont nécessaires pour que, appliquant ceux-ci au service de leurs intérêts les plus directs, ils en tirent le maximum possible d'utilité pratique.

Comme vous le voyez, Messieurs, c'est à un point de vue très spécial que je me suis placé dans ce rapport qui conclut au maintien de l'organisation actuelle de nos Associations, en ce qui concerne l'étude faite par elle des questions générales du commerce.

La question était assez particulière, mais elle aura peut-être eu pour avantage de nous permettre de fixer quelques-uns des traits essentiels du caractère que doit avoir l'activité de nos Associations, au point de vue de l'étude de ces questions. C'était là le but principal de ce rapport, je serai heureux si j'ai pu l'atteindre. (Applaudissements.)

DISCUSSION

M. Girod. — Avant d'ouvrir la discussion sur le remarquable rapport de M. Clamageran, permettez-moi de rappeler (et je le ferai brièvement) que M. Clamageran fut l'un de mes plus brillants et de mes plus zélés élèves du Lycée et de l'Ecole Supérieure de Commerce. Du reste, le talent qu'il a apporté dans l'exposé de son rapport, comme la façon habile avec laquelle il rédige les procès-verbaux le prouvent surabondamment, et je suis heureux de le féliciter publiquement. (Vifs applaudissements.)

J'ouvre la discussion. La parole est à M. Pathier.

M. Pathier. -- Messieurs, il me semble que notre jeune camarade, M. Clamageran, réduit à une action bien modeste, trop modeste à mon gré, le rôle de nos Associations au point de vue de l'étude des questions générales du Commerce.

« Est-ce que, dit-il, nos Associations peuvent et doivent s'occuper de ces questions qui sont plutôt de la compétence des Chambres de Commerce, des Chambres consultatives et autres collectivités ?...

Pour être fixé sur ce point constitutionnel, nous n'avons qu'à regarder dans nos statuts. Ceux de l'Ecole de Paris, que j'ai là, sous les yeux, disent : Le but de l'Association est :

1° D'entretenir les relations formées à l'École ;

2° D'utiliser les rapports ainsi créés au point de vue du Commerce et de l'Industrie.

Il me semble donc que l'étude de lois qui doivent favoriser ou entraver notre commerce et notre action entre dans le rôle de nos Associations. Je reconnais volontiers, avec M. Clamageran, que le but de nos Associations, comme le but de l'Union est très spécial, mais si nous abordons l'examen des statuts de l'Union des Associations, nous y verrons ceci :

L'Union a pour but :

. . . .

4° De défendre collectivement les intérêts généraux des Associations ;

5° D'étudier les questions relatives à l'Enseignement Commercial et pour contribuer à son développement ;

6° D'aider à l'extension du Commerce français, tant à l'intérieur que dans les colonies et à l'étranger.

Eh bien ! Messieurs, nous sommes là dans le vif de la question. Si nous devons examiner les questions commerciales, il va sans dire que toutes les lois et tout ce qui touche aux traités de commerce ou aux conventions commerciales françaises seront de notre ressort et de notre competence. Au surplus, il me semble que si nous devions ne nous occuper que des besoins de chaque Association, nous n'aurions pas besoin de Congrès. Pourquoi organisons-nous des Congrès, sinon pour examiner s'il n'y a pas à défendre certains intérêts généraux supérieurs aux intérêts particuliers de telle ou telle Ecole ?...

Il y a encore une autre phrase du rapport de M. Clamageran, que je voudrais relever. « Il nous semblerait contraire aux principes qui ont présidé à la constitution et au développement de nos Associations, dit-il, d'engager celles-ci dans des interventions directes et des négociations fréquentes en faveur des questions qu'elles n'ont pas à étudier et à connaître d'aussi près. » Comment !... Mais au contraire, nous devons les étudier et les regarder de très près, toutes ces questions là ; je dirai même que nous devons les examiner à la loupe. Telle loi, par exemple, qu'on vote à la Chambre ou au Sénat, sans y avoir souvent bien fait attention, a quelquefois des résultats terriblement désastreux. Si on nous priait de l'examiner auparavant, nous qui sommes chaque jour aux prises avec les difficultés de la vie commerciale, si nous pouvions prévenir nos législateurs, je crois que nous n'aurions pas à nous en plaindre. Ce ne serait pas si mauvais que cela. (Applaudissements.)

Les Associations doivent intervenir dans ces questions là ; c'est leur rôle. Nous devons, contrairement à ce qu'en pense M. Clamageran, nous devons regarder de très près ces questions vitales pour le commerce français, et il me semble que nous ne paraîtrions pas bien ambitieux si nous formulions un vœu demandant à ce qu'on nous consulte pour l'élaboration de certaines lois. On consulte bien les Chambres syndicales, les Chambres de Commerce ; je ne sais pas pourquoi on ne consulterait pas les Associations des Anciens Elèves des Ecoles de Commerce.

Voici, par exemple, une question qui nous intéresse au plus haut point, la question de la réforme de l'Enseignement Commercial. Il me semble que sur cette question (je vais dire une hérésie) les Associations d'Anciens Elèves sont plus compétentes que les Chambres de Commerce ou que les Chambres syndicales. Nous sommes suffisamment compétents pour avoir le droit de donner notre avis sur ce sujet, comme sur bien d'autres, d'ailleurs.

Je me résume : je dis que les Associations d'Anciens Elèves des Ecoles Supérieures de Commerce devraient être consultées au même titre que les Chambres de Commerce et que les Chambres syndicales. Le Gouvernement aurait intérêt à nous faire intervenir plus souvent dans les questions qui sont de notre ressort. (Applaudissements.)

M. Girod. — La question est très nettement posée entre les deux honorables orateurs. D'une part, le rapporteur désire que les Associations des Anciens Elèves des Ecoles Supérieures de Commerce ne sortent pas du cadre que, suivant lui, elles se sont assigné, et qu'elles continuent seulement à établir des relations entr'elles. D'autre part, M. Pathier nous déclare qu'il est préférable que les Associations agissent sur les pouvoirs publics afin d'amener le développement de l'Enseignement Commercial. Quelqu'un demande-t-il la parole pour soutenir l'une ou l'autre de ces deux thèses?...

M. Clamageran. — Je désirerais m'expliquer.

M. Girod. — La parole est à M. Clamageran.

M. Clamageran. — Je crois que nous ne sommes pas loin de nous entendre, M. Pathier et moi.

M. Pathier. — Tant mieux.

M. Clamageran. — Ce que j'ai voulu dire dans mon rapport, c'est que nos Associations ne devraient pas intervenir autrement que d'une manière générale auprès des pouvoirs publics. J'ai pensé, et je ne me suis peut-être pas fait assez comprendre sur ce point, que nos Associations ne devraient pas intervenir pour des réformes particulières, intéressant des questions spéciales à l'une ou à l'autre d'elles, parce que la représentation de nos intérêts commerciaux m'a paru suffisamment assurée par l'organisation de notre représentation commerciale officielle. Notre Code commercial a institué des compagnies, des assemblées qui ont précisément pour but de servir d'intermédiaires entre le Commerce et le Gouvernement. Je ne crois pas que l'origine de nos Associations puisse justifier une intervention directe de leur part dans ce domaine, qui me paraît plus spécialement réservé aux Chambres de Commerce. Ces quelques explications étaient peut-être nécessaires pour compléter celles que j'ai données tout à l'heure.

M. Pagnon. — Monsieur le Président, je crois que je suis l'interprète d'un grand nombre de membres de nos Associations en exprimant le vœu qu'on cherche à élargir leur champ d'action et qu'on ne se borne pas à les limiter au rôle de Sociétés de Secours mutuels ou de bureaux de placement. Nous avons, d'ailleurs, des exemples de ce qui peut se faire dans cet ordre d'idées là. Je n'en veux pour preuve que ce qui se passe aux Dîners-Causeries de l'Union, dont nous parlions hier.

Qui donc émettrait l'idée que les Dîners-Causeries, dont les résultats sont communiqués à tous les Membres de l'Union, ne sont pas profitables à notre propagande?... Qui émettrait la prétention que l'étude des questions commerciales telle qu'elle est faite dans ces Dîners-Causeries n'est pas une excellente chose?... Pour ma part, je ne l'oserais pas. Je fais partie, à Lyon, d'un certain nombre de Sociétés savantes. J'entends souvent discuter des questions commerciales à la Société d'Economie politique; je ne les ai jamais entendu traiter aussi bien qu'aux Dîners-Causeries de Paris. Après la lecture des comptes-rendus de ces Dîners-Causeries, je suis bien sûr qu'aucun de mes collègues ne me contredira. Je me rappelle, entr'autres, avoir lu deux comptes-rendus qui m'avaient plus particulièrement frappé : celui sur les Trusts et celui sur le Transsibérien. Il y a eu, au cours de ces causeries, des explications très complètes et très utiles données au Commerce, et il serait à souhaiter que le rôle des Associations ne soit pas entravé sur ce point, mais, au contraire, fortement encouragé.

Il faudrait que toutes les questions intéressant le Commerce en général soient divulguées par nos Associations et plus largement traitées dans nos réunions et dans nos publications. Et à ce propos, je vous demande la permission de dire un mot de nos bulletins. Il faudrait consacrer une bonne partie de nos bulletins à l'examen plus détaillé de ces questions générales. Nous le pouvons maintenant surtout que nous avons beaucoup de membres. A l'Association de Lyon, nous en comptons treize cents, dont beaucoup à l'étranger. Je crois que nous devrions pousser à l'étude des questions générales dans nos bulletins. Nous devrions surtout demander à ceux de nos membres qui sont dans les pays lointains des rapports spéciaux, des communications détaillées, que nous insérerions dans le bulletin, pour le plus grand profit de tous. Nous rendrions service au Commerce en général, aux Chambres de Commerce, qui ont besoin de pionniers, que nous serions, nous; nous rendrions également service à nos membres, car rien n'est plus profitable, pour sa propre profession, que l'étude et la rédaction d'un rapport.

Et puisque j'ai fait allusion aux Chambres de Commerce, je voudrais les défendre un peu, tout au moins celle de Lyon, que je connais bien, pour deux raisons : la première, parce que plusieurs membres de l'Association, notamment mon ami Testenoire, en font partie; ensuite, parce que nous entretenons avec la Chambre de Commerce de Lyon des rapports très intimes. Nous n'avons, bien entendu, aucune autorité officielle, mais les membres de la Chambre de Commerce viennent souvent causer avec nous, à l'Association, et nous demander notre avis sur une foule de questions. Ainsi, lorsqu'il s'est agi d'organiser la grande mission commerciale qui est allée en Chine et qui a exploré des endroits jusqu'alors ignorés, on nous a demandé des sujets que nous avons fournis. Voilà qui prouve qu'il y a intérêt à s'entendre, et à intervenir dans certaines questions : il doit y avoir communauté d'idées entre un organe officiel aussi important, aussi compétent, que la Chambre de Commerce de Lyon, et l'Association des Anciens Elèves, qui possède beaucoup de renseignements et peut établir beaucoup de documents très intéressants pour le Commerce.

Enfin, j'ai une dernière observation à présenter. Je n'ose pas exprimer un vœu, parce que, dans un Congrès, c'est faire acte très sérieux ; la chose en vaut cependant la peine; mais je voudrais exprimer un désir. Un certain nombre des membres de nos Associations écrivent des articles de journaux ou des rapports, on font des conférences. Je ne vois pas qu'ils se servent de leur titre d'Anciens Elèves d'une Ecole de Commerce, et c'est fâcheux. Je désirerais qu'on fit suivre le nom de l'auteur d'un article ou le nom d'un conférencier de sa qualité d'Ancien Elève diplômé d'une Ecole de Commerce. Cela ne se fait pas, et je me demande pourquoi. Je ne sais pas pourquoi nous ne serions pas très fiers de notre titre, alors que les Ingénieurs des Arts et Manufactures ou les élèves sortant de l'Ecole Centrale ne négligent aucune occasion de le rappeler. Nous devrions, plus souvent que nous le faisons, faire suivre notre nom de notre qualité d'Ancien Elève d'une Ecole Supérieure de Commerce. Je regrette qu'on n'ait pas trouvé chez nous la solution qu'on a trouvée en Belgique, et que le titre dont nous devrions faire suivre notre signature soit un peu long. Je regrette que nous ne puissions pas nous appeler « Licencié ès-sciences commerciales », mais il n'en est pas moins vrai que nous devons faire connaître notre qualité; ce serait une manière, et, je crois, une bonne manière de faire de la réclame à notre Enseignement Commercial.

M. Siegfried. — Je partage absolument l'avis de MM. Pagnon et Pathier. Je considère que l'essence même d'une République, c'est que chaque citoyen considère, non seulement comme un droit, mais comme un devoir, d'émettre son opinion lorsqu'il croit que cette opinion peut être utile au pays. Je crois, en outre, que c'est l'intérêt même de nos Associations qui nous commande d'intervenir le plus souvent possible.

En effet, Messieurs, je comprends très bien que sous un gouvernement autocrate, il n'y ait qn'une seule tête, il n'y ait qu'un seul corps pour s'occuper d'un seul genre d'affaires. Je comprends très bien qu'il y a vingt-cinq ans il n'y eût que les Chambres de Commerce pour représenter le commerce et l'industrie. Mais la pratique des choses a tout modifié : peu à peu, à côté des Chambres de Commerce, dont l'autorité est certainement indiscutable, il s'est créé des Associations syndicales, des Chambres syndicales, des groupements de toutes sortes, qui se sont mis à traiter les mêmes questions que les Chambres de Commerce. Vous avez même pu voir que beaucoup de ces Associations ont acquis une très grande influence, parce qu'elles n'ont pas craint de se mettre en avant et d'exprimer leur opinion sur les questions intéressantes à l'ordre du jour. Je ne vois pas pourquoi nous n'exprimerions pas aussi notre avis sur les questions qui nous intéressent plus particulièrement. Je crois, au contraire, que cela aurait une très grande importance pour nous, parce que nous nous ferions mieux connaître et nous prendrions ainsi une certaine influence.

Voyez où nous en serions encore aujourd'hui si nos Associations s'étaient contentées de s'occuper des intérêts immédiats et particuliers de leurs membres. Nous ne serions certainement pas grand chose; tandis que regardez ce que nous avons réussi à faire. Je ne vous parlerai que de l'Association que je connais le mieux, l'Union, il y a dix ans, l'Union avait un budget d'un millier de francs à peine. Qu'est-ce qu'elle pouvait faire avec cela?... Pas grand chose. Mais elle a fait de la réclame ; elle s'est fait connaître. Nous avons attiré l'attention sur nous en nous occupant de beaucoup de questions, en faisant venir chez nous de grandes notabilités, soit économiques, soit politiques, comme MM. Doumer et Hanotaux, par exemple, qui ont prononcé d'importants discours à nos banquets. La presse s'est occupée de ces discours ; l'attention s'est portée sur nous, et nous avons réussi à grouper des forces nouvelles, si bien que notre budget est aujourd'hui de vingt-cinq mille francs et que je ne désespère pas d'avoir avant peu cinquante mille francs de ressources à l'Union. C'est ce que je désire le plus ardemment, parce que lorsque nous aurons cinquante mille francs, notre force sera plus grande ; nous pourrons faire beaucoup plus qu'aujourd'hui, nous pourrons nous faire connaitre, et nous exercerons de l'influence.

Sans être vaniteux, sans être outrecuidants, il ne faut jamais être trop modeste dans les sociétés. C'est précisément parce que, en

Amérique, aux Etats-Unis, chaque individu croit qu'il a le devoir de s'occuper des questions générales qu'on arrive a de très beaux résultats. Je suis donc partisan de la proposition qui tiendrait à décider que nous devons nous occuper de toutes les questions à propos desquelles nous nous sentons capables d'exprimer des opinions utiles à notre pays, et je verrais avec plaisir nos Associations entrer dans cette voie en se livrant à l'étude de toutes les questions d'ordre général intéressant le commerce et l'industrie.

M. Emmanuel Faure. — Puisque la question s'est tellement élargie, permettez-moi d'ajouter deux mots, pour dire, que l'Association de Bordeaux, que j'ai l'honneur et le plaisir de représenter, partage pleinement les vues exprimées par MM. Siegfried, Pagnon et Pathier. Nous pensons, à l'Association de Bordeaux, que nous n'avons pas le droit de nous désintéresser de tout ce qui touche au développement des Associations, comme au développement du Commerce et de l'Industrie en général.

C'est ainsi qu'à Bordeaux nous cherchons à nous occuper de toutes les questions vraiment intéressantes et nous avons donné notre adhésion à un certain nombre de Sociétés ; par exemple, nous nous sommes fait inscrire comme membre bienfaiteur de la Ligue Maritime du Sud-Ouest navigable. C'est une œuvre considérable, qui donnera des résultats énormes pour la Garonne et pour toute la région du Sud-Ouest, parce que nous estimons que le transport par chemins de fer n'est pas utilisé aussi complètement que si on le complète par tout un réseau de voies navigables. Nous sommes aussi membre fondateur de la Société Océanographique, qui a pour but de donner un Laboratoire météorologique à Bordeaux. Je crois pouvoir affirmer que nous allons encore donner notre adhésion au comité bordelais de l'Union franco-anglaise, constitué dans notre ville sous le patronage du groupe parlementaire de la Chambre des Députés, qui a pour but d'étudier les traités commerciaux avec l'Angleterre.

Comme vous le voyez, Messieurs, nous sommes entrés dans la voie préconisée par M. Pagnon. Tout cela n'est pas publié dans un bulletin spécial, mais cependant notre publicité ne laisse rien à désirer. Nous avons, à Bordeaux, la *Revue Commerciale et Coloniale du Sud-Ouest* qui parait toutes les semaines et qui est devenue notre organe officiel régulier. Nous avons dû, par suite d'arrangements spéciaux, supprimer nos services hebdomadaires et ne faire à nos membres que le service bi-mensuel de la revue ; mais toutes les semaines, le journal publie les demandes et les offres d'emploi, ainsi que des articles émanant des membres de l'Association, qui font suivre leur signature de leur titre, même lorsque ces articles ne sont pas publiés sous la rubrique particulière à notre Association. C'est ainsi que cinq articles ont été publiés en 1901, et qu'il en a été publié dix-sept en 1902 sur des questions d'intérêt général.

C'est dire que nous partageons entièrement la manière de voir de M. Pagnon et que nous désirons qu'en toutes circonstances les Anciens Elèves de nos Ecoles ne cachent pas leur titre, mais l'étalent fièrement. (Applaudissements.)

M. Renouard. — Je dois dire qu'à l'Union des Associations, nous avons déjà pris l'initiative d'intervenir près des Pouvoirs publics et près des Chambres de Commerce, notamment cette année lorsqu'il s'est agi de la loi militaire et de la nouvelle législation commerciale, comme aussi au sujet de la création, aux Etats-Unis, d'une Ecole d'études industrielles à laquelle nous voulions voir adjoindre une Ecole d'études commerciales. Chaque fois, nous avons reçu des ministres compétents, non pas une lettre banale d'accusé de réception, mais des remerciements, pour notre initiative, des avis précieux sur les réformes projetées. Les Pouvoirs publics acceptent donc notre collaboration et ne nous considèrent pas comme des intrus.

Devons-nous maintenant, comme certains l'auraient voulu, faire des démarches collectives?.. C'est autre chose : nous sommes tous des hommes d'affaires; nous avons des occupations absorbantes, et nous n'avons pas toujours le temps de faire des démarches personnelles aux jours et aux heures où il serait possible à ceux que nous voudrions solliciter de nous recevoir. Mais nous pouvons, nous devons écrire, puisque tous nos avis par correspondance sont toujours bien reçus.

D'un autre côté, je suis en mesure de pouvoir vous affirmer que lorsque notre bulletin arrive au Ministère du Commerce, il est examiné d'une façon particulière, et que si certaines questions paraissent devoir être plutôt remarquées, elles constituent des dossiers commerciaux qui sont fort bien étudiés. Par conséquent, d'un côté comme de l'autre, nos avis sont considérés avec bienveillance ; c'est pourquoi je pense contrairement à M. Clamageran que nous aurions tort de ne pas les donner aussi souvent que possible et je serais partisan de l'extension du rôle de nos Associations pour l'étude des questions générales du Commerce.

M. Girod. — Voulez-vous me permettre un mot, Messieurs?

Plusieurs. — Mais certainement.

M. Girod. — Si j'ai bien compris la pensée de M. Clamageran, son exposé procède d'une idée de décentralisation. Il faudrait que les Chambres de Commerce et les Associations marchent d'accord dans chaque centre. Il me semble qu'il se dégage du travail de M. Clamageran cette pensée que l'Enseignement Commercial ne doit pas avoir partout une unité absolue, comme dans l'Université. Telle chose qui peut être enseignée avec profit à Lyon ne conviendrait peut être pas à l'Ecole de Lille, par exemple, ou à Bordeaux, qui ont des genres de commerce absolument différents. Aussi, je crois que vous êtes presque d'accord. M. Clamageran ne croit pas à l'efficacité des réclamations des Associations faites isolément et fréquemment par elles auprès des Pouvoirs publics, mais il pense que l'action des Associations des Anciens Elèves des Ecoles de Commerce peut être très puissante, surtout si cette action est combinée avec celles des Chambres de Commerce qui ont toutes à leur tête les personnalités les plus éminentes du Commerce et de l'Industrie. Il n'a pas voulu dire que l'action de l'Union, qui est la Fédération des Associations françaises, ne pouvait avoir aucune influence. Je pense qu'il a voulu dire que les Associations doivent borner leur action à agir sur les Chambres de Commerce de leur région pour faire prévaloir leurs réclamations, pour faire triompher leurs idées. (Applaudissements.)

M. Clamageran. — C'est absolument ma pensée. (Bravos.) J'étais en parfaite communion d'idées avec M. Pagnon lorsqu'il disait que l'intervention des Associations était désirable par l'intermédiaire des Chambres de Commerce. Mais j'estimais, et je persiste à penser qu'il ne faut pas que les Associations interviennent pour la solution de questions particulières, mais pour l'étude de questions générales, qu'il est nécessaire de regarder de très haut.

M. Siegfried. — Pour vous donner une idée, peut-être bien imparfaite, des résultats pratiques auxquels nous pouvons arriver en intervenant dans certaines questions, je me permettrai de reprendre la question, dont parlait mon ami Renouard, de l'Ecole d'Etudes Industrielles des Etats-Unis. Cette question est des plus importantes en ce qui nous concerne ; elle peut avoir une grande répercussion sur le développement du commerce de notre pays, étant donnés les grands progrès accomplis depuis quelques années par les Etats-Unis sur le terrain commercial et industriel. Lorsque nous avons lu le rapport du Ministre du Commerce sur cette question, si nous n'avions eu en vue que nos intérêts particuliers, nous ne serions pas intervenus. Eh bien ! nous avons pensé qu'il était nécessaire d'intervenir, dans l'intérêt général, et nous sommes intervenus. Au lieu de rester dans l'inaction, nous avons rédigé un rapport qui concluait à la transformation de l'Ecole, qui ne devait être d'abord qu'une Ecole industrielle, en Ecole industrielle et commerciale. Nous avons dit que nous pensions, et nous le pensons plus que jamais, qu'il ne s'agissait pas seulement de faire étudier aux Etats-Unis les progrès de l'industrie, mais qu'il fallait encore se préoccuper des progrès commerciaux, et nous avons conclu en disant que, à notre avis, pour être utile, pour être profitable, l'Ecole dont on demandait la création devrait comprendre deux sections : une section industrielle et une section commerciale. Il paraît que nous avions eu raison d'intervenir car nous avons eu la très grande satisfaction de voir le Ministre du Commerce prendre notre vœu en considération et de lire, dans son second rapport, qu'il était nécessaire de fonder une Ecole industrielle et commerciale aux Etats-Unis. (Applaudissements.)

Nous avons donc obtenu là, tant dans notre intérêt particulier que dans notre intérêt général, un assez beau résultat, et nous pourrons en obtenir souvent de semblables si nous voulons nous en donner la peine. Nous devons, et nous le pouvons, obtenir des résultats sur toutes les questions un peu générales. J'entends bien que nous ne pouvons pas nous occuper absolument de toutes, mais nous devons les étudier toutes, et pour cela nous avons nos bulletins, nous avons nos journaux dans lesquels nous pouvons donner notre opinion afin de nous mettre à la hauteur des journalistes de la grande presse et en contact plus étroit avec eux. Les journalistes, qui aiment bien étudier, lisent nos journaux ; ils y prennent nos idées en les développant et en nous citant, de sorte que nous avons de ce fait une très grande publicité gratuite, publicité qui ne peut que nous être favorable, puisqu'elle attire à nous un nombre considérable de personnes qui, la veille encore, nous auraient totalement ignorés.

Pour terminer, je voudrais reprendre une des idées si bien exprimées par M. Pagnon, celle qui consiste à demander à tous les Anciens Elèves de nos Ecoles ou à tous les membres de nos Associations de se servir de leur titre d'Ancien Elève d'Ecole de Commerce. Nous devons tous porter bien haut ce titre. Je n'ai pas l'honneur d'être un

Ancien Elève de vos Ecoles, mais je dois vous faire remarquer que je ne fais suivre ma signature, dans toutes les pièces officielles, que d'un seul titre. J'en pourrais utiliser d'autres : Membre du Conseil Supérieur du Commerce ; Membre du Conseil Supérieur de l'Enseignement Technique; je ne mets jamais qu'un titre : Président de l'Union des Associations des Anciens Elèves des Ecoles Supérieures de Commerce de France. Je le fais car je considère que nous devons affirmer que nous sommes quelque chose et que nous voulons exercer une influence dans notre pays. (Vifs applaudissements.)

M. Pathier. — Je ne puis qu'appuyer ce que vient de dire M. Siegfried. Et, afin de simplifier autant que possible l'énonciation de notre qualité à la suite de notre signature, je proposerais de faire ce qui se pratique dans beaucoup d'Associations sportives notamment, d'indiquer notre titre par les lettres initiales des mots y correspondant, par exemple, de faire suivre notre signature de la mention E. S. C. (Ecole Supérieure de Commerce). Je crois que si tous les membres de nos Associations et Ecoles voulaient mettre cette mention, non seulement à la suite de leur signature, mais à la suite de leur nom sur leurs en-têtes de lettres, de factures et de circulaires, ce serait un excellent moyen de propagande en même temps qu'un signe facile de reconnaissance entre les différents membres. Nous pourrions peut-être émettre ce vœu, dont la réalisation serait des plus faciles.

M. Pagnon. — Oui, oui.

M. Pathier. — On pourrait émettre un vœu dans ce sens :

« Les Anciens Elèves des Ecoles Supérieures de Commerce, membres des Associations, décident de faire suivre leur nom ou leur signature de leur titre d'Ancien Elève, sur leurs lettres ou factures, à l'aide de la mention E. S. C. » (Très bien.)

Je demande à répondre aussi un mot au sujet de la question de l'intérêt, pour le commerce, de notre intervention auprès des pouvoirs publics. La question qui nous intéresse aujourd'hui est celle de l'étude des questions générales du commerce. Nous étions donc bien dans la question en disant que nous voulions examiner ou plutôt faire examiner par nos Associations toutes les questions d'intérêt général et non pas les questions d'intérêt local. Nous ne représentons pas seulement cinq ou six mille Anciens élèves des Ecoles; nous avons toute une armée derrière nous. Nous avons des maisons qui occupent des quantités d'ouvriers. Nous représentons donc une collectivité considérable. Si on ne nous objectait que le nombre des membres de nos Associations, nous pourrions répondre que ce nombre ne forme qu'un état-major derrière lequel marchent des milliers et des milliers d'ouvriers et d'employés. Nous représentons donc le commerce ou l'industrie, et non telle ou telle branche du commerce ou de l'industrie suivant la région dans laquelle nous nous trouvons. Et j'estime que dans un pays de suffrage universel comme le nôtre, nous devrions être admis à formuler librement nos revendications et à parler haut et ferme aux Pouvoirs publics. Voyez ce que font les syndicats et dites-moi s'il est possible de nier leur puissance. Je ne vois pas pourquoi l'Union des Associations ne se constituerait pas la défenderesse de nos intérêts au même titre que les syndicats. Nous représentons une force qui est actuellement immobilisée par notre propre faute.

Pour me résumer, je crois qu'on pourrait dire de nous ce que disait l'abbé Siéyès du Tiers-Etat : « Qu'est-ce que le Tiers-Etat?... Tout!... Qu'a-t-il été jusqu'à présent?... Rien!... Qu'est-ce qu'il veut être?... Quelque chose!!... » A notre tour, nous pourrions dire des Associations qu'elles seraient tout ou presque tout, si elles voulaient, — que jusqu'alors elles n'ont pas été grand chose et qu'elles veulent maintenant être quelque chose. (Longs applaudissements.)

M. Girod. — La discussion a été très intéressante et aussi complète que possible. Je pense donc que l'opinion de chacun est faite maintenant sur la solution à donner à la question. Ne pourrait-on pas résumer l'impression générale par un vœu qui exprimerait à la fois le désir de M. Clamageran et les désirs qui sont certainement dans l'esprit de la majorité?...

M. Siegfried. — Je crois qu'il est dangereux de nous attarder sur une rédaction d'un vœu. Vous savez, Messieurs, combien l'improvisation d'un vœu est chose délicate et combien souvent un vœu improvisé ne répond pas au désir de ses auteurs et aboutit mal. Si vous croyez que cette discussion doive se terminer par l'émission d'un vœu, je vous demanderai de vouloir bien prier deux ou trois d'entre nous de rédiger ce vœu, qui serait adopté dans une prochaine séance.

Plusieurs. — Parfaitement.

M. Pagnon. — On pourrait voter sur le petit vœu accessoire relatif à l'indication des titres des Anciens Elèves des Ecoles de Commerce.

M. SIEGFRIED. — Je crois qu'il serait préférable de le faire en même temps.

M. GIROD. — Je déclare la discussion close.

M. SIEGFRIED. — Il est bien entendu qu'elle pourra être reprise sur la rédaction du vœu.

M. GIROD. — Certainement ; mais personne ne demande plus la parole ?...

M. SIEGFRIED. — On pourrait nommer une Commission de trois membres pour la rédaction du vœu.

Par acclamation, sont élus membres de la commission : MM. Clamageran, Pagnon et Pathier.

M. GIROD. — Messieurs, je donne maintenant la parole à M. Sault, qui, en l'absence de M. Edmond Henry, excusé, veut bien nous lire le rapport présenté au Congrès par ce dernier, en sa qualité de Président de l'Association de l'Institut Commercial de Paris, délégué au Comité de l'Union des Associations, sur la cinquième question.

ORDRE DU JOUR : *Des Rapports entre les membres des diverses Associations résidant dans une même localité; Réunions, Remises, Groupes locaux, régionaux & internationaux.*

RAPPORTEUR. — M. Edmond HENRY, président de l'Association de l'Institut Commercial de Paris, délégué au Comité de l'Union des Associations.

M. SAULT. — Le Congrès de 1900 nous a retracé l'évolution de l'association de ce premier groupement formé par un noyau d'amis ou de camarades des premières promotions d'une école, il nous a aussi montré comment l'Union s'est formée pour prendre la voix au nom de toutes nos Associations pour la défense de nos intérêts, mais il n'a pas étudié les jeunes groupements qui naissent ici et là, formés par des camarades issus de différentes écoles et que le hasard des affaires a poussés dans une ville étrangère à leur Association mère ; il n'a pas étudié non plus la situation de nos camarades qui ont élu domicile dans une ville autre que celle de leur école et où se trouve une autre école et par conséquent une autre Association. C'est cette lacune que votre Congrès a voulu combler.

Si le premier groupement qui a formé l'Association a été dans son essence plutôt amical, le groupement formé d'éléments divers issus de différentes écoles est plus généralement une réunion d'hommes qui cherchent à se solidariser, à s'entr'aider et à se défendre mutuellement sur le terrain économique, commercial ou industriel.

L'idée de ces derniers groupements est en réalité encore toute récente, et pour beaucoup d'entre eux, c'est grâce à l'intervention de l'Union qu'ils se sont formés.

L'Union a même fait à leur usage un réglement entièrement clair et qui est cependant l'objet de nombreuses critiques ; c'était un simple préambule à la formation des groupes et à leurs rapports avec l'Union et les Associations, mais aujourd'hui on lui demande d'être la loi des parties.

Ce règlement reconnait comme correspondants naturels de l'Union dans les villes où ils se trouvent, les Associations et les groupements d'Anciens Elèves des Ecoles Supérieures de Commerce et des camarades qu'il appelle « Membres correspondants ».

Il leur assigne à tous le même but : provoquer des relations entre camarades, venir en aide aux camarades malheureux, fournir des renseignements commerciaux et représenter l'Union.

Telle est l'essence de ce règlement qui reste absolument muet sur les voies et moyens que doivent employer les dits « Groupements » et « Membres Correspondants » pour remplir ce programme.

Or, si les Associations ont, pour couvrir leurs frais, les ressources que leur procurent les cotisations de leurs membres, (fonds qui leur servent à couvrir l'ensemble de leurs dépenses, réunions, fêtes, conférences, bals, publications, etc.), au contraire les groupements, qui sont absolument privés des ressources que procurent les cotisations, puisque chaque membre continue à envoyer sa cotisation à son Association mère, sont obligés pour se procurer les ressources nécessaires d'en faire supporter le poids sur leurs sociétaires du groupe et ceux-ci se trouvent ainsi imposés deux fois.

Je trouve cette situation tout à fait injuste attendu que ce ne sont pas spécialement les membres du Groupe qui peuvent être appelés à profiter du groupement, mais bien tous nos camarades. Au reste, est-il besoin d'ajouter que les groupements seront nombreux aussi bien en France qu'à l'Etranger, plus leurs relations s'étendront et plus nos camarades seront assurés de trouver auprès d'eux une aide efficace ; multiplier les groupements, étendre leurs relations, c'est donc augmenter la force de nos Associations et partant de l'Union qui se dépense tant pour le bien général.

La conclusion la plus logique à tirer de tout cela est que la plus élémentaire justice serait de répartir plus équitablement les charges que supportent à eux seuls les membres des groupes pour le bénéfice général.

Je vous disais plus haut qu'aucun texte n'existe encore à ma connaissance dans les statuts de nos Associations permettant d'admettre comme membre, les membres d'une autre Association et c'est là une grave erreur. Qu'un élève de l'Ecole de Rouen s'établisse à Marseille, il sera toujours vis-à-vis de ses camarades de l'Association de Marseille un étranger de par la force du règlement alors qu'il devrait être leur camarade puisqu'il est membre d'une Association sœur, puisqu'enfin il est comme eux membre de l'Union.

J'appelle donc l'attention du Congrès sur ce point qui est particulièrement intéressant, car nos Associations ne demanderaient pas mieux de s'adjoindre des membres hors rang. L'entente sur ce point se ferait, je pense, assez facilement entre les différentes Associations intéressées, le nouveau membre payant la moitié de sa cotisation à son Association mère et l'autre moitié à son Association adoptive. Je crois que cette formule pourrait être également et utilement appliquée aux groupements, de préférence au mode de subvention adopté par l'Association des Arts et Métiers et qui consiste dans la subvention des groupes par l'Association mère à raison de un franc par adhérent au groupe.

Toute autre est, il est vrai, la situation de l'Association des Anciens Elèves des Ecoles d'Arts et Métiers, Association unique pour toutes les Ecoles, Association puissante qui centralise toutes les forces pour le bien commun et, à ce point de vue, nos Associations pourraient la prendre pour modèle s'il leur venait l'idée d'en faire autant. Elles étudieraient les avantages que peut donner une fusion complète des Associations dans une Union devenue Association mère, tandis que les différentes Associations, gardant chacune leur ancienne autonomie formeraient autant de groupements distincts.

Mais le monde ne s'est pas fait en un jour, il faut laisser au temps et au progrès le soin d'accomplir leur œuvre et je les attends avec confiance, car il est bien évident qu'on ne s'arrêtera qu'à des solutions donnant satisfaction à tous les intérêts en présence.

Tout ce qui vient d'être dit s'applique à nos camarades de France, et il reste à étudier comment nous devons agir en tant qu'Association et en tant que membres de nos Associations vis-à-vis des Associations étrangères et de leurs Membres.

Un de nos camarades, M. Sault, disait au Congrès de 1900 : « Ne pourrait-on admettre dans chaque Association les Anciens Elèves des Ecoles de Commerce étrangères à titre de membres étrangers, moyennant une cotisation annuelle fixe; de la sorte chaque Association pourrait accréditer près d'une autre Association de l'étranger ceux de ses membres qui s'expatrient. »

Je n'hésite pas à vous dire que je suis tout à fait partisan de cette idée et je vois qu'elle serait profitable à tous par les relations nouvelles qu'elle créerait avec les groupes étrangers.

Il est fort probable qu'il suffirait qu'une de nos Associations s'inscrivît comme membre honoraire d'une de ces Associations étrangères pour que cette dernière ouvrit ses portes à notre Association et celui qui voudrait se faire accréditer plus spécialement s'incrirait personnellement comme membre honoraire.

Je laisse ces quelques idées aux méditations du Congrès, car avant de résoudre la question, il faudrait avoir eu échange de vues avec les principales Associations étrangères visées, puisqu'une entente sur ces divers points ne peut s'admettre qu'à la condition d'être réciproque.

Il est certain que le but de nos Associations doit constamment s'élever et s'étendre; il a d'abord été amical, il s'est étendu à l'assistance mutuelle sous des formes diverses, il tend à devenir également commercial.

C'est ainsi que plusieurs Associations obtiennent des remises pour leurs membres, tandis que certains camarades reçoivent des demandes de renseignements commerciaux sur les pays qu'ils habitent.

Tout cela doit encore se perfectionner; aussi, je dirai que les commerçants qui ont consenti une remise à l'Association de Rouen devraient la faire à tous leurs camarades des autres Associations et il devrait en être de même partout.

Ce serait très facile à obtenir auprès des commerçants, et la carte d'identité de chaque sociétaire au lieu d'être différente pour chaque Association serait uniformément imprimée au nom de l'Union des Associations et frappée du cachet ou du timbre sec de l'Association du mandataire.

Tels sont les points de la cinquième question posée par le Congrès sur lesquels j'ai pensé utile d'appeler son attention.

M. Girod. — Avant de mettre en discussion le rapport que vous venez d'entendre, je donne la parole à M. Le Mercier, pour la communication de son travail relatif à la même question :

ORDRE DU JOUR : *Le Service des Remises à l'Association de Rouen ; de la nécessité d'une entente entre les Associations ; de l'Organisation des Groupes.*

RAPPORTEUR. — M. G. Le Mercier, secrétaire de l'Association de Rouen, Professeur à l'Ecole Supérieure de Commerce de Rouen.

M. Le Mercier. — Les rapports cordiaux existant entre nos diverses Associations ont-ils atteint toute l'importance qu'ils devraient avoir ? Je ne le crois pas.

Ces relations de bonne camaraderie ne sont certes pas discutables en voyant avec quel empressement les diverses Associations ont tenu à participer au deuxième Congrès ; mais, jusqu'à ce jour, les relations sont limitées à s'adresser mutuellement des délégués, lors des banquets annuels.

Il doit y avoir mieux que cela à faire, la question est suffisamment importante pour provoquer de la part de nos Associations réunies un examen approfondi, et nous devons former l'espoir qu'une solution satisfaisante pour tous soit obtenue avant la clôture de nos travaux.

Pour des raisons particulières, que nous ne saurions discuter ici, bien des jeunes gens n'ont pas suivi les cours de l'Ecole Supérieure de Commerce organisés dans la localité qu'ils habitent ; d'un autre côté et sur ce point encore, toutes nos Associations sont placées de même, un grand nombre d'élèves, à leur sortie de nos Ecoles et tout en étant de la localité, ont cherché leur situation ailleurs, ils se sont disséminés dans toute la France et même à l'étranger ; le succès n'a pas été égal pour tous, certains n'ont conservé que le modeste poste d'employé qu'ils avaient au début et qu'ils auraient aussi bien trouvé dans leur ville natale ; d'autres, plus favorisés par les circonstances, se sont créés une situation.

En sortant de l'Ecole, les uns comme les autres ont fait partie de nos Associations ; ils ont payé une, deux, quelquefois trois cotisations annuelles, ont refusé la quatrième et depuis sont disparus de l'horizon de l'Association.

Parmi ces disparus, et cela existe pour notre Association, il y a de nos lauréats qui, par leur place de sortie, ou pour certains travaux spéciaux, ont obtenu des récompenses de nos Associations.

Vous me direz : ce sont des ingrats ; non, Messieurs, ce sont des indifférents.

On a dit bien des fois : « En France, tout finit par des chansons » — on pourrait dire également : « En France, tout périclite par l'indifférence ». En ce qui concerne nos Associations, il est temps, quand nous le pouvons encore, d'enrayer cette indifférence des Anciens Elèves des Ecoles qui, pour des raisons souvent discutables, abandonnent l'Association de leurs camarades.

Combien d'exemples je pourrais vous citer à l'appui de ce qui précède.

Depuis quinze années que je fais partie de l'Enseignement Commercial, j'ai vu passer quelques élèves ; combien sont complètement disparus de ma mémoire et qui occupent actuellement une situation commerciale ou industrielle importante. On se rencontre quelquefois et si, par hasard ou habitude, je les persuade de se faire inscrire à notre Association qu'ils ont abandonnée, et cela en faisant valoir certains avantages, à quoi bon, me répondent-ils, je viens très rarement à Rouen et je ne pourrais en profiter.

Ce cas doit se présenter également dans les autres Associations ; nous sommes donc tous intéressés à enrayer cette indifférence qui nous envahit tous les jours ; mais, pour obtenir ce résultat, quels sont les moyens pratiques à employer ?

Vous savez, Messieurs, quelle est l'organisation des Groupes. Ils ont pour but de réunir les Anciens Elèves de nos Ecoles Supérieures de Commerce habitant une même localité ; il en existe plusieurs en France, certains sont très prospères, d'autres le sont moins, mais nous examinerons cette question plus loin.

Or, n'y aurait-il pas lieu pour nos Associations de constituer une sorte de groupe dans lequel se feraient inscrire tous les Anciens Elèves des Ecoles de France et de l'étranger habitant la localité où se trouve le siège de l'Association.

Nous avons à Rouen, par exemple, des Anciens Elèves des Ecoles de Paris, du Havre, etc., qui font ou ne font pas partie de leurs Associations, cela n'est pas notre affaire ; mais s'ils n'en font pas partie, c'est probablement pour la raison que je vous citais, parce qu'ils ne sont qu'accidentellement dans la ville où se trouve leur ancienne Ecole, qu'ils ne peuvent assister aux réunions de leur Association et ont fini par se désintéresser de l'œuvre poursuivie par leurs anciens camarades. S'il est parmi nous des dissidents, qu'ils ne voient dans ma critique que le plus vif désir de rassembler tous les Anciens Elèves de nos Ecoles.

Admettons maintenant que l'Association de Rouen ouvre ses portes largement et accueille en camarades ces Anciens Elèves des autres Ecoles, que toutes les autres Associations en fassent autant et nous aurons, j'en suis persuadé, la satisfaction de pouvoir enrayer cette indifférence malheureuse pour l'avenir de nos Associations.

Dans quelles conditions pourrait se faire cette inscription?

Trois conditions semblent d'abord indispensables :

1° Etre inscrit et payer sa cotisation à l'Association de l'Ecole dont on a fait partie ;

2° Demander par écrit son inscription à l'Association de la localité où l'on habite ;

3° Etre présenté par deux membres de l'Association à laquelle on désire se faire inscrire.

Moyennant ces conditions, le camarade sera invité aux réunions, banquets, etc., au même titre que les membres actifs de l'Association, mais ne pourra dans aucun cas faire partie du Comité, ni prendre part à un vote relatif à l'organisation ou au fonctionnement de l'Association à laquelle il sera inscrit.

Indépendamment de ces diverses réunions, il bénéficiera également des avantages matériels accordés aux membres actifs de l'Association, sous forme de remises faites par certaines maisons de commerce.

Ces avantages matériels doivent être considérés par nos Associations comme un remède efficace contre l'indifférence de leurs membres.

On peut dire avec raison que lorsque l'intérêt est en jeu, l'indifférence cesse.

Il serait donc à souhaiter que toutes nos Associations inscrivent sur leur programme de réformes l'organisation d'un service de remises, cette organisation devant marcher de pair avec la proposition énoncée précédemment.

L'Union a parfaitement compris ce que l'on pouvait tirer d'un service semblable et, depuis un an, le Service des Remises a été organisé et fonctionne, grâce à l'activité de la Commission spéciale nommée à cet effet, et dont le président est notre camarade Bligny.

La question des remises a toujours été d'un très grand intérêt pour nos Associations. En ce qui concerne celle de Rouen, un premier essai avait été fait en 1891. Mais, à cette époque, un grand nombre de maisons de commerce n'étaient pas encore disposées à consentir des réductions en faveur de certaines sociétés ; le nombre étant donc très restreint, l'intérêt était moindre et le résultat obtenu fut à peu près négatif. L'année dernière, notre Comité reprit l'affaire en mains, de nombreuses démarches furent faites et, pour une première année, on obtint un petit succès.

Les théâtres de notre ville et un assez grand nombre de commerçants consentirent en faveur de nos membres et de leur famille des réductions assez importantes. Cette nouvelle, immédiatement communiquée à nos membres, fut rappelée tous les mois dans le Bulletin de l'Association, dont voici un extrait :

Service des Remises

THÉATRES

Théâtre-des-Arts. — La direction du Théâtre-des-Arts consent en faveur des Membres de l'Association, une réduction de **25 0/0** sur les Stalles, Fauteuils, Loges, Baignoires, Premières Galeries.

Ces billets devront être pris au Bureau du Supplément dans l'intérieur du Contrôle.

La même réduction est accordée aux dames de nos adhérents.

Matinées, premières Représentations et Représentations de Gala exceptées.

Théâtre-Français. — La direction du Théâtre-Français accorde aux Membres de l'Association :

Les Fauteuils d'Orchestre	à 2 fr.	au lieu de	3 50.
— de Balcon	à 2 »»	—	3 »».
Stalles	à 1 25	—	2 »».
Secondes de Face. . .	à 1 »»	—	1 50.
Parterre et Secondes de Côté	0 60	—	1 »».

Dimanches, Fêtes, Représentations de Gala et premières Représentations exceptées.

La même réduction est accordée aux dames de nos adhérents.

Folies-Bergère. — La direction des Folies-Bergère accorde aux Membres de l'Association, les Fauteuils d'Orchestre à 1 fr. 75 et les Fauteuils de Balcon à 1 fr. 25.

La même réduction est accordée aux dames de nos adhérents.

Les réductions ci-dessus ne seront pas accordées les dimanches, fêtes et représentations de gala.

Maisons accordant des Réductions

Photographie. — M. Pétiton, photographe, 9, rue Guillaume-le-Conquérant, accorde une remise de **10 0/0** aux Membres de l'Association.

Papeterie. — La Maison Robard et Aloye, 85 et 87, rue et près de la Grosse-Horloge, accorde aux Membres de l'Association, sur la présentation de leur carte de membre actif, une réduction de : **5 0/0** sur les papiers à lettre réclame le Robard-Rouen, et autres sortes similaires au-dessous de 1 fr. 25 la boîte; tous les registres format pot, les encres Antoine et Adrien Maurin, etc.

10 0/0 sur les articles de papeterie et fournitures de bureaux.

Habillement. — M. A. Grolleau, accorde une réduction de **6 0/0** au comptant, et **3 0/0** à six mois, aux Membres de l'Association, honoraires et actifs, ainsi qu'aux Elèves de l'Ecole.

M. J. Vodable, tailleur, 15 et 17, passage de l'Opéra, Paris, accorde une remise de **10 0/0** sur le prix de vente des vêtements faits sur mesure.

Chaussures. — M. Dérobert, fabricant de chaussures, 36, rue Jeanne-d'Arc, accorde aux Membres de l'Association ainsi qu'à leur famille (femme et enfants), une remise de **6 0/0** sur la présentation de leur carte de membre actif.

Chapellerie. — M. W. Piéton, 7, rue Guillaume-le-Conquérant (Chapellerie du Palais accorde une réduction de **10 0/0**.

Lingerie. — M. Ch. Peulvé, 57, rue Jeanne-d'Arc (A Solférino), accorde une réduction de **5 0/0** (sauf sur la ganterie), aux Membres de l'Association ainsi qu'à leur famille (femme et enfants).

Bonneterie, Articles pour Cyclistes. — M. A. Benoit, 17, rue de la Grosse-Horloge, accorde une réduction de **5 0/0** aux Membres de l'Association ainsi qu'à leur famille (femme et enfants).

Ameublements. — M. Bréviaire fils, 78, rue Jeanne-d'Arc, accorde une remise de **6 0/0**.

Imprimerie Lithographique & Typographique SCHNEIDER, (CHARLET, Succ.), 50, rue de la Grosse-Horloge, accorde une remise de **8 0/0** sur tous travaux.

Imprimerie. — L'Imprimerie de la Société Normande de Publicité, 18, rue de la République, accorde une remise de **8 0/0** sur tous travaux d'imprimerie.

Pharmacie-Droguerie. — La Maison Buisson et Crié (G. Crié, successeur), rue Percière, accorde une réduction de **10 0/0** sur tous les articles de pharmacie et de droguerie (eaux minérales et spécialités exceptées).

Charbons. — MM. Cahen frères, 168, rue des Charrettes, accordent une réduction de **5 0/0** sur les charbons et agglomérés de houille. — Paiement dans le mois de livraison.

MM. François et Gillier, 8, rue de Constantine et 114 bis, avenue du Mont-Riboudet, accordent une réduction de **5 0/0** sur les charbons de chauffage et d'allumage.

Vins, Eaux-de-Vie, Liqueurs. — M. A. Denomaison, 7 et 9, rue de la Madeleine, accorde une réduction de **5 0/0** sur le montant brut des factures, sans défalcation des droits d'octroi et de régie (spécialités et marques exceptées).

Couronnes Funéraires. — Mme Nee, fabrique de couronnes funéraires, 32, rue de l'Epicerie, accorde une réduction de **10 0/0**.

Objets d'Art. — Mme Grenier (Aux Arts Français), rue des Carmes, accorde une réduction de **4 0/0**.

Armes, Bicyclettes. — M. Hauveau, Armurier, 84 rue de la République, accorde une réduction de **5 0/0** sur les fusils, carabines, revolvers et bicyclettes.

Le bon fonctionnement de ce service amena la création d'une carte d'identité qui est remise sur leur demande aux membres de l'Association, moyennant la somme de un franc et après le paiement de la cotisation de l'année en cours.

Toute demande doit être accompagnée :

1° De la valeur de la carte, soit un franc en timbres-poste ;

2° D'une photographie de format carte de visite.

Une bande imprimée et collée sur le dos de la photographie donne les indications constituant la carte d'identité qui est représentée comme suit :

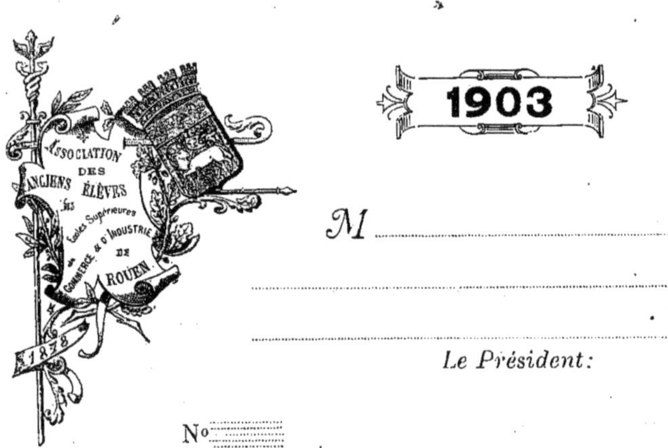

PHOTOGRAPHIE

Signature du Titulaire,

Vu pour la certification de la signature de M
apposée ci-dessus.
le 190
Le Maire,

Tous les ans, après le paiement de la cotisation, un carré spécial, portant le millésime de l'année, est remis à chaque détenteur de carte d'identité. Pour les membres perpétuels — le millésime est remplacé par la mention « MEMBRE PERPÉTUEL ».

La demande de ces cartes ne s'est pas fait attendre, depuis environ huit mois que notre nouveau service fonctionne, plus de quarante cartes nous ont été demandées par des membres habitant Rouen.

J'ajouterai même qu'au début de cette organisation, notre Comité reçut plusieurs lettres émanant de membres d'Associations étrangères résidant à Rouen et demandant une carte au même titre que les membres de notre Association.

On peut juger par ce fait de l'efficacité d'un service de Remises, bien organisé dans toutes les Associations.

Nous n'avons pu, à notre grand regret, faire droit aux demandes qui nous furent adressées et nous ne saurions profiter d'un moment plus favorable que le deuxième Congrès pour jeter les bases d'une entente entre toutes les Associations.

L'Association de Rouen accepte de délivrer des cartes d'identité à tous les membres des autres Associations résidant dans notre ville aux mêmes conditions qu'à ses membres, toutefois, elle serait désireuse, à titre de réciprocité, de voir ses membres éloignés de Rouen profiter des mêmes avantages auprès des Associations correspondantes.

En admettant que toutes les Associations partagent cette manière de voir qui ne peut être que favorable à leur prospérité, il faut examiner de quelle façon doit être organisé un service de cette importance et donnant les résultats que l'on est en droit d'espérer.

A première vue, la solution la plus pratique serait, qu'après entente entre les Associations et les commerçants, une liste générale des maisons consentant à faire des réductions soit publiée dans tous les bulletins des Associations et de l'Union pour être portée à la connaissance de tous les membres des Associations. Les intéressés s'adresseraient alors aux Associations de leur localité pour obtenir la carte d'identité.

On pourrait également, à l'exemple de certaines sociétés, provoquer par l'Union une coopération des commerçants de France, non seulement des villes où il existe une Association ou un Groupe, mais dans toutes les villes d'un peu d'importance. Le bénéfice de la remise serait acquis sur présentation d'une carte unique délivrée par l'Union. L'inconvénient de ce système serait de détruire non seulement l'esprit d'initiative, mais encore la liberté d'action des Associations, qui doivent avant tout conserver leur indépendance.

La première solution paraît devoir être la plus pratique et attirer spécialement l'attention du Congrès.

Organisation des Groupes. — Pour cette question des plus intéressantes, je ne pouvais mieux faire que de m'adresser aux Présidents de ces groupes. Il m'est agréable de remercier publiquement tous nos camarades qui ont bien voulu répondre à mon appel.

Des divers renseignements qui me sont parvenus, il résulte qu'à l'exception du groupe de Saint-Etienne, fondé en 1880, la plupart des autres groupes datent de 1898 à 1901, et comme je le disais plus haut, si quelques-uns sont prospères, les autres n'existent malheureusement que de nom, — de ce côté il faut encore voir l'indifférence générale.

C'est ainsi qu'un camarade, président d'un groupe, m'écrit :

« Notre groupe n'a pour ainsi dire pas d'existence, parce qu'il « m'a été impossible de lui donner la vie. Non seulement le nombre « des Anciens Elèves des Ecoles Supérieures de Commerce est très « limité dans notre région, mais encore, par suite de leur dissémi- « nation, je n'ai pu arriver à les réunir pour leur exposer les « avantages du groupement. Est-ce apathie ou indifférence, la « réponse générale a été qu'ils se contentaient de faire partie de « l'Association de l'Ecole dont ils sont sortis. »

Un autre camarade m'écrit :

« Nous manquons totalement de vie et d'entrain, ce groupe « comprend environ vingt adhérents, aucune réunion ne permet aux « membres de se rencontrer. »

Enfin un autre m'écrit :

« Depuis dix-huit mois que je suis Président aucune réunion n'a « eu lieu. Je ne désespère pas avec l'aide de quelques amis de repren- « dre l'œuvre, mais en supprimant la cotisation qui est un obstacle à « l'adhésion. — On demandait cinq francs par an et je crois que cela « a été une des causes de la non-réussite, les jeunes élèves sortant « ayant dix francs à payer pour l'Association et dix francs quand ils « souscrivent à l'Union. »

De ce qui précède, l'existence de certains groupes est encore très problématique et il entre dans les attributions du Congrès de rechercher ce qu'il y a lieu de faire pour assurer leur vitalité.

Il n'est pas douteux que la question de cotisation annuelle ne soit un empêchement au développement de ces réunions; les Associations intéressées au bon fonctionnement de ces groupes ne devraient-elles pas participer pécuniairement à leur entretien au moyen d'une légère subvention qui permettrait à tous les membres payant une cotisation à leur Association de s'inscrire gratuitement au groupe de leur région.

Les groupes n'ont pas de dépenses d'administration ou du moins elles sont minimes, n'étant pas dans l'obligation de publier un bulletin, tout au plus des frais de correspondance. — Pour couvrir ces menus frais pourquoi les Associations ne verseraient-elles pas deux francs par an pour chacun de leurs membres inscrits dans les groupes ? Ces membres payant leur cotisation à leur Association.

Une autre combinaison pourrait consister à verser aux groupes proportionnellement au nombre de leurs adhérents, le montant des cartes d'identité perçu par les Associations, mais pour cela il serait nécessaire que le service des remises soit régulièrement organisé par toutes les Associations.

De son côté, l'Union ne peut faire moins que de joindre le concours financier à l'appui moral, j'ajouterai que ce concours ne peut être important, car le contre-coup s'en ferait sentir immédiatement auprès des Associations, et, c'est ce qu'il faut éviter.

Si nous avons examiné les difficultés d'existence que rencontrent certains groupes régionaux, il est juste de mentionner le succès obtenu par certains autres, tels sont :

Le groupe de la Marne qui comprend vingt-cinq membres payant une cotisation annuelle de cinq francs, les membres se réunissent tous les deux mois chez le Président qui offre la plus gracieuse hospitalité. Ce groupe a pour ainsi dire rang officiel, s'occupe du placement des anciens élèves et donne chaque année une médaille pour l'élève classé premier dans la section du Commerce de l'Ecole professionnelle de Reims.

Le groupe de Roanne qui compte quarante-deux membres payant cinq francs par an, plusieurs réunions et deux banquets par an.

Le groupe de Saint-Etienne qui compte quarante-huit membres payant cinq francs par an, réunion tous les mois, banquet en février.

Le groupe de Grenoble qui compte vingt-cinq membres ne payant pas de cotisation, réunions suivies d'un dîner, trois ou quatre fois par an.

Le groupe de Londres comptant vingt-neuf membres payant une cotisation annuelle de dix shillings, réunion tous les mois.

Enfin le groupe Algérien comprenant cinquante-six membres, la cotisation annuelle est de un franc pour subvenir aux frais de correspondance et aux convocations. Réunion officielle une fois par mois. Réunion intime tous les vendredis à six heures, au Café Continental. Ce groupe est en pleine prospérité, le but poursuivi, de se connaître et de s'entr'aider a été pleinement atteint, tout d'ailleurs est fait dans ce sens par son dévoué président M. Flobert, et nos camarades de Montpellier lors de leur récent voyage en Algérie ont reçu de ce groupe l'accueil le plus cordial.

Cet exemple de grande prospérité du groupe algérien dont les membres paient un franc de cotisation annuelle, démontre bien que la vitalité des groupes est d'autant plus certaine que les membres ont moins à payer, les Associations ont donc le devoir d'encourager la formation de ces groupes.

En résumé, l'existence des groupes est utile, en outre des relations de bonne camaraderie qu'il faut toujours chercher à augmenter, l'Union et les Associations doivent trouver dans ceux-ci un aliment d'offres d'emploi pour les Anciens Elèves de nos Ecoles, et c'est en vue de ce principal résultat que doivent tendre tous les efforts de nos Associations.

Il y a lieu d'espérer que le deuxième Congrès International ne voudra pas se séparer avant d'avoir arrêté définitivement ce que les Associations doivent faire pour leur avenir et leur prospérité.

DISCUSSION

M. Pagnon. — Je demande la parole.

M. Girod. — J'ouvre la discussion, la parole est à M. Pagnon.

M. Pagnon. — Je crois, Messieurs, qu'il est très utile que des groupes régionaux soient formés pour tous ceux de nos camarades (et ils sont malheureusement trop nombreux) qui n'ont pas la bonne fortune de se trouver dans les villes où siègent les Associations. Je ne crois pas, par contre, que la question des cotisations ait une très grande importance. Il faut, pour réussir, que les cotisations soient aussi faibles que possible, car on est sollicité de toutes parts. C'est au moins notre avis, à nous Lyonnais, qui sommes aussi économes qu'on peut l'être : nous ne comprenons pas les grosses cotisations. Notre Association n'a jamais exigé de ses membres plus de cinq francs par an, ce qui ne nous empêche pas d'avoir en ce moment en réserve près de trente mille francs.

M. Siegfried. — Combien ?

M. Testenoire. — Trente mille francs.

M. Pagnon. — Exactement vingt-cinq mille huit cent quatre-vingt-dix francs.

M. Siegfried. — C'est un très beau résultat.

M. Pagnon. — Quant aux groupes, nous croyons que la cotisation à demander à leurs membres devrait être moins importante. Nous avons fondé autour de nous un certain nombre de groupes régionaux, à Saint-Etienne, à Roanne, à Grenoble, et enfin un groupe important en Alsace où se retrouvent bon nombre d'Anciens Elèves de l'Ecole de Mulhouse, dont notre Ecole de Lyon fut la continuation après les malheurs de 1870-1871. Ces groupes ne demandent pas de grosses cotisations, mais ils ont à leur tête des hommes énergiques. C'est là le secret de la réussite : pour faire prospérer un groupe, il faut mettre à sa tête un président qui sache faire son affaire et qui s'en occupe sans relâche. Il faut un président qui donne de la vie au groupe à la tête duquel il est placé; sans quoi bien rares seront ceux qui, pour me servir d'une expression familière, consentiront à « venir s'ennuyer à cinq francs de l'heure » (Applaudissements.) Dans toute entreprise, c'est l'homme qui fait le succès de l'entreprise; il en est de même toutes les fois qu'il s'agit d'une Association, d'un groupe. Je crois donc que pour assurer la réussite des groupes régionaux, il faut savoir choisir des présidents actifs, des présidents connaissant bien leur affaire et sachant diriger les groupes comme il convient.

M. Pathier. — Je désire présenter une simple observation au sujet du rapport de M. Henry, qui demande le partage des cotisations. M. Henry demande que les membres habitant Marseille, par exemple, paient moitié à Marseille et moitié à Paris. Nous n'avons pas qualité pour trancher une semblable question; il faudrait changer la réglementation intérieure de chaque Association, et aborder, dans chaque Association, comme à l'Union, la question de la révision des statuts de chacune d'elles. Nous n'avons ici à traiter que des questions générales et nous ne pouvons pas demander à telle Association d'abandonner telle ou telle partie de ses cotisations.

M. Le Mercier. — Y a-t-il dans les statuts de l'Union des Associations un article permettant de donner des subventions à des groupes ou à des Sociétés?

M. Pathier. — Je ne le crois pas. Cela n'existe pas encore; nous venons seulement d'être reconnus d'utilité publique, et il me semble qu'il y a une grosse difficulté à soulever cette question de la répartition des cotisations. Je ne crois pas que ce soit là, la cause du manque de vitalité de certains groupes que signalait M. Le Mercier, et je partage plutôt l'opinion de M. Pagnon en ce qui concerne le choix des présidents de groupes. Quant au manque de vitalité des groupes, nous n'y pouvons rien.

M. Le Mercier. — Mais les Associations y pourraient peut-être quelque chose.

M. Pathier. — Nous ne pouvons pas intervenir à se sujet. On nous critique fort à l'Union, mais nous avons fort à faire.

A l'Union, nous avons adopté comme principe absolu de laisser les groupes s'organiser comme ils voudraient. C'est aux membres de ces groupes à fixer le chiffre des cotisations et à choisir leur Président; et, comme le disait fort bien M. Pagnon tout à l'heure, la vitalité de chaque groupe ne dépendra que de l'activité du Président. Il me paraît difficile de demander une subvention à chaque Association. M. Pagnon disait, à l'instant, qu'à Lyon on est économe; il nous indiquait même que l'Association de Lyon possédait une fortune dont nous serions volontiers envieux. (Rires.) A Paris, nous ne sommes pas économes du tout, et nous dépensons parfois plus que le montant de nos recettes. C'est pourquoi nous envions la fortune de nos amis de Lyon. (Nouveaux rires.) Vous comprenez que, dans ces conditions, une demande de subvention serait vue d'un mauvais œil chez nous. Nous avons des charges considérables à l'Union; M. Sault le sait mieux que personne et pourrait vous le dire. Il me paraît donc difficile d'admettre le principe de subventions aux groupes.

Vous voyez que la question est très délicate sous bien des rapports et plus particulièrement au point de vue budgétaire. Il faut laisser à l'initiative des membres des différents groupes le soin de s'organiser eux-mêmes et de régler tous les détails de leur organisation. Cela ne doit pas être bien difficile. Le principal pour atteindre le but cherché, c'est que les élèves de nos Ecoles sachent bien qu'ils pourront rencontrer des camarades à tel ou tel endroit. Cela existe d'ailleurs, en grand, en Amérique, grâce à notre camarade Jacquemier, que l'on peut citer comme un exemple de volonté. Notre camarade est allé à New-York et il a groupé, de New-York à Montréal, tous les membres des Associations d'Anciens Elèves, tous les Anciens Elèves des Ecoles de Commerce. Il y a d'autres exemples, et je ne vous cite que ceux qui ont la bosse de la solidarité; ceux-là réussissent toujours.

M. Siegfried. — Sans vouloir imposer à aucune Association notre manière de voir, nous nous permettrons d'appeler votre attention sur l'intérêt qu'il y aurait à étudier les moyens à employer pour attirer à chacune d'elles les Elèves des autres Ecoles habitant la région. Chaque Association choisira alors les moyens les meilleurs et verra quelles sont les mesures à prendre dans son milieu, dans sa sphère d'action. Il est bien évident que nous devons faire tout notre possible pour que tous les Anciens Elèves de toutes les Ecoles reçoivent l'accueil le plus fraternel dans toutes nos Associations; il est non moins évident que nous sommes on ne peut mieux disposés en faveur de l'organisation des groupes régionaux et que nous verrons avec plaisir ces groupes se multiplier.

Nous avons, à l'Union même, étudié cette question et indiqué quels étaient, selon nous, les meilleurs moyens pour arriver à la formation de ces groupes et quelles règles devaient présider à cette formation. Mais nous l'avons fait avec beaucoup de prudence et beaucoup de délicatesse, parce que nous avons considéré que nous n'avons pas encore un nombre suffisant d'élèves répandus dans toute la France pour rendre ces groupes nécessaires. Je suis, avec M. Pagnon, de l'avis de laisser une complète initiative à chacun de ces groupes. S'il se trouve, dans certaine région, un homme qui se sente de taille à organiser un groupe, qu'il le fasse; nous applaudirons à son initiative, dont le succès dépendra de lui seul. S'il sait s'y prendre, s'il y met tout son cœur, toute son intelligence, s'il s'en occupe activement, le groupe réussira; mais s'il le néglige, s'il n'y apporte pas tous ses soins, tout son temps, le groupe périclitera. Laissons donc les initiatives s'affirmer partout : c'est de l'initiative individuelle que naît le progrès; c'est de l'effort de chacun que ressort le bien-être de tous. Voyez combien nous avons de manières différentes de faire et combien cependant, dans des réunions comme celles-ci, nous nous entendons tous bien. J'entendais tout à l'heure avec un bien vif plaisir M. Pagnon nous dire qu'à Lyon ils avaient un fonds de réserve de près de trente mille francs. Chez nous, à l'Union, nous n'avons pas un sou. (Rires.) Nous dépensons plus que nous avons, et nous attendons des jours meilleurs, mais il faut croire que nous avons une manne céleste, puisque nous y arrivons tout de même. Chacun va suivant son cœur et ses aspirations.

M. Testenoire. — A Lyon, nous avons aussi une manne céleste, c'est grâce à nos membres souscripteurs.

M. Emmanuel Faure. — Parmi les moyens pratiques à employer pour faire participer les membres des Associations étrangères aux avantages accordés aux membres des Associations de la localité dans laquelle ils se trouvent, je me permettrai de vous en indiquer un que nous employons à Bordeaux, et qui peut être employé partout, je crois, sans toucher aux statuts. Nous nommons membres honoraires de notre Association les délégués des autres Associations qui habitent chez nous, par exemple le délégué de Marseille et le délégué des Hautes-Etudes. Ils sont membres honoraires à titre gratuit, c'est-à-dire qu'ils n'ont pas de cotisation à payer, et ils participent à tous les avantages offerts aux membres de notre Association, même pour les remises. C'est là un moyen très simple, très facile à employer.

On a parlé de l'initiative de certains présidents et de certains camarades; on a donné l'exemple de notre excellent camarade Jacquemier. Je voudrais rappeler à mon tour le nom d'un autre de nos anciens camarades, Bouchilloux, qui, dans un voyage à Londres, a su grouper trente ou quarante membres d'Associations diverses, au milieu desquels les Bordelais forment une petite colonie de sept membres. Ces trente ou quarante camarades se réunissent tous les mois, et ils ont même songé à faire de leur groupe le noyau d'une Société française, qui progresse déjà.

M. Vigouroux. — Dans cette question, il y en a plusieurs, et je me permettrai de dire quelques mots des rapports entre les membres des diverses Associations résidant dans une même localité. On ne perçoit pas bien comment il se fait que les membres des Associations n'ont pas plus de rapports entre eux, mais on ne perçoit pas non plus l'intérêt, l'utilité qu'il y a, pour une Association ayant son siège social dans la localité, à avoir des relations plus suivies avec les membres des autres Associations, si elles ne leur offrent pas des avantages. Je crois que là, la cotisation a une grosse importance, non pas, peut-être, pour tous les anciens élèves, mais pour la plus grande partie. Il me semble qu'une des propositions qui figure dans le rapport de M. Henry doit attirer notre attention : c'est celle qui consisterait à faire payer la moitié de la cotisation à l'Association-mère et l'autre moitié à l'Association près de laquelle on se trouve.

M. Pathier. — Il faudrait remanier les statuts des Associations.

M. Vigouroux. — Evidemment ; on l'a déjà dit. Dans le cas de l'Association de Bordeaux, les membres honoraires ne paient pas de cotisation. A Montpellier, il n'y a pas de membres de l'Association qui soient exempts de cotisation. Il en est de même, je crois, à Paris et dans beaucoup d'autres villes. Il faudra donc, comme on l'a dit, remanier les statuts dans ce sens. Je propose, pour obvier à cet inconvénient, que l'Union veuille bien prendre l'initiative, soit d'un commun accord avec tous les délégués ici présents, soit bientôt, dans l'une de ses plus prochaines réunions, d'inviter les Associations à étudier cette question et à soumettre les propositions qu'elles jugeraient convenables pour faciliter les relations entre les membres des différentes Associations. Les rapports sur la question seraient, par l'Union, renvoyés à chaque Association, ou bien une réunion des délégués déciderait ce qu'il y aurait à faire dans ce sens. Je demande que l'Union veuille bien prendre l'initiative de cet examen et centraliser les rapports de toutes les Associations. C'est, je crois, le seul moyen d'aboutir, car, pour une pareille question, il faut l'entente de toutes les Associations.

M. Le Mercier. — Notre camarade M. Vigouroux, répondant il y a un instant au sympathique Président de Bordeaux, nous a dit qu'il n'y avait pas, à l'Association de Montpellier, de membres exempts de cotisation, qu'il en était de même, croyait-il, à Paris et dans beaucoup d'autres villes. Je crois que notre camarade fait erreur, car je vois, dans les statuts de l'Association de Paris :

« Art. 7. — Les membres du Conseil de perfectionnement de l'Ecole, les membres de la Chambre de Commerce et le Directeur de l'Ecole sont de droit membres honoraires de l'Union Amicale.

Pour l'Association de Lyon, l'article 9 des statuts dit que « les membres du Conseil d'administration de l'Ecole sont, de droit, membres honoraires ».

Quant à notre Association rouennaise, d'après l'article 3 des statuts :

Le titre de :

1o Membre honoraire perpétuel est accordé à toutes les personnes qui ont participé à la fondation ou à l'extension de l'Association ;

2o Membre honoraire est accordé à toutes les personnes qui auront rendu des services à la Société ainsi qu'à celles qu'elle veut honorer d'une manière particulière.

Or, vous admettrez avec moi qu'il est fort difficile, lorsque vous conférez à une notabilité un titre honorifique pour services rendus à notre cause, de lui demander ensuite sa cotisation.

M. Renouard. — Je voudrais exprimer un désir général : c'est que les groupes régionaux ne restent pas lettre morte et soient en relations plus étroites avec les diverses Associations et avec l'Union. Nous savons, à l'Union, qu'il existe un certain nombre de groupes, mais nous n'entendons jamais parler de la plupart. Ah ! pardon, nous en entendons parler quelquefois, c'est lorsqu'il y a un banquet. (Rires.) Nous ne nous plaignons pas de la venue de ces convives : ils sont généralement d'une digestion facile et nous sommes heureux de voir la bonne camaraderie toujours régner entre nous tous (nouveaux rires) ; mais nous aimerions bien les voir en d'autres circonstances, ou tout au moins en entendre parler plus souvent. Nous voudrions, au moins une fois par mois, entendre parler de chaque groupe, savoir ce qu'il a fait. Je ne crois pas que ce soit trop demander et je pense que cela rendrait service à tous. Puisqu'il y a, dans chaque groupe, un secrétaire, il serait désirable que des rapports soient envoyés ; les groupes se constitueraient en quelque sorte comme des « filiales » de l'Union, ce qui n'empêcherait pas, d'ailleurs, de leur conserver leur autonomie absolue, ce qui serait d'un précieux secours pour notre propagande. Jusqu'ici, le groupe ne sert qu'à entretenir des relations de bonne camaraderie et à aider les membres des autres Associations de passage dans la ville. Cela ne suffit pas ; le groupe doit travailler en petit comme les Associations travaillent en grand, et il serait bon que nous sachions ce que fait chaque groupe. Si le désir que j'exprime réunit vos suffrages, je demanderais que le Congrès invite les secrétaires des groupes à adresser chaque mois ou à époques intermittentes, ou fixes, des rapports sur la situation de leurs groupes respectifs.

M. Pagnon. — Très juste.

M. Siegfried. — J'appuie la proposition de notre ami Renouard, et je l'étendrai, si vous voulez bien me le permettre. Je crois que le service le plus grand que nous pourrions rendre à tous les membres de nos Associations, c'est d'insérer dans le Bulletin de l'Union un aperçu de ce que font les différents groupes et aussi les différentes Associations, aussi bien les Associations françaises que les Associations étrangères, car nous aurions intérêt à développer nos relations internationales. Nous serions très heureux si nos camarades étrangers nous envoyaient le compte rendu de leurs travaux. Pour ce qui est de la proposition de M. Vigouroux, je considère qu'il est inutile que l'Union se mette en avant. Le grand avantage de nos Congrès, c'est d'émettre des idées qui sont soumises à l'étude de tous nos collègues. Je suppose que toutes les Associations liront le compte-rendu de notre Congrès ; elles y verront que le Congrès trouve qu'il est désirable que chaque Association amène auprès d'elle les membres des autres Associations. Alors, chaque Association prendra les mesures qu'elle croira nécessaires à la réalisation de ce désir.

M. Vigouroux. — Mais cela n'aboutira à rien. Si on ne coordonne pas tous les efforts, il y aura des mesures distinctes.

M. Le Mercier. — Notre intention est de grouper tous les anciens élèves des Ecoles Supérieures de Commerce habitant Rouen.

M. Siégfried. — En France, nous avons la fâcheuse habitude de toujours vouloir faire des règles générales, de coordonner tous nos efforts afin de faire un règlement unique pour tout le monde. Je n'en vois pas l'utilité en ce qui nous concerne actuellement. Que chaque Association fasse ce qui lui paraît bon, ce qui lui paraît utile de faire dans l'intérêt général, et qu'elle nous donne ainsi de bonnes idées que tous nous adopterons ensuite, si elles répondent à nos désirs.

M. Le Mercier. — M. Faure disait qu'à Bordeaux les délégués des Associations étaient considérés comme membres honoraires de l'Association. C'est très bien s'il ne s'agit que de délégués ; mais vous ne pouvez pas admettre comme membres honoraires sans cotisation trente ou quarante membres des autres Associations. A Rouen, notamment, nous en avons un certain nombre, dix ou quinze, peut-être vingt. Nous ne pouvons pas leur donner le titre de membres honoraires.

M. Emmanuel Faure. — J'ai donné cet exemple, parce que cela a été fait chez nous, et que ces Messieurs sont les seuls que nous connaissions à Bordeaux pour le moment ; mais s'il y en a d'autres, nous les admettrons avec plaisir. On appelle membres honoraires ceux qu'on veut honorer, et nous sommes disposés à étendre cette mesure à tous les membres d'Associations que nous connaîtrons à Bordeaux.

M. Le Mercier. — Cela me paraît aller un peu loin.

M. Emmanuel FAURE. — Mais non.

M. LE MERCIER. — Nous pourrions nommer membres honoraires un président et un délégué de chaque Association. Mais en dehors de cette question je demande que les Associations déterminent s'il est possible d'admettre tous nos camarades dans leurs rangs.

M. Emmanuel FAURE. — En ce qui nous concerne, nous sommes prêts à le faire pour tous ceux que nous connaîtrons.

M. LE MERCIER. — Si les Associations partagent notre manière de voir, voici quelles seraient les conditions : d'abord, il faut être inscrit et payer sa cotisation à l'Association de l'Ecole dont on a fait partie.

M. Emmanuel FAURE. — Cela va de soi.

M. LE MERCIER. — Il faut que le membre qui se présente soit connu.

M. Emmanuel FAURE. — Oui, il le faut.

M. LE MERCIER. — Je trouve que les Associations peuvent bien s'entendre entre elles pour connaître leurs membres.

M. Emmanuel FAURE. — Nous supprimerions la présentation des deux membres si le nouvel arrivant était accrédité par son Association.

M. LE MERCIER.— En ce qui concerne les cotisations, je regrette vivement de ne pas partager l'opinion de M. Henry.

Il ne faut pas de cotisations, mais la camaraderie la plus large, l'accueil le plus franc, le plus ouvert et le plus désintéressé.(Applaudissements.)

M. TESTENOIRE. — Je profite de cette discussion pour dire qu'à Lyon, nous avons un local, rue des Marronniers, 6, où nous recevons tous les élèves ou anciens élèves des Ecoles de Commerce sans distinction et sans leur demander aucune rémunération.

M. KREUTZER. — M. le Président Siegfried a exprimé tout à l'heure le vœu qu'il y ait une relation internationale entre les Associations étrangères et les Associations françaises, non seulement pour toutes les études très intéressantes relatives au but matériel de nos Associations, mais aussi pour les études se rattachant au développement de l'enseignement commercial, pour donner des avis aux Chambres de Commerce, et à tous les autres moyens de publicité. Je crois que nous pourrions réaliser cela tout de suite et profiter du rapport de M. Le Mercier pour exprimer le vœu qu'il y ait dans l'avenir une relation internationale entre les Associations des Anciens Elèves de toutes les Ecoles de Commerce des différentes nations. Je crois que ce serait très utile pour les Associations françaises, et encore plus peut-être pour les Associations étrangères, parce qu'il y a des questions qui intéressent le commerce de tous les pays, et que, par les relations internationales, on obtiendra des renseignements très précis et très précieux sur le commerce international. Quant à l'enseignement commercial, il serait également très utile d'obtenir un certain nombre de renseignements sur ce qui se passe dans les divers pays, car les anciens Elèves de toutes les Ecoles supérieures de Commerce sont les employés de commerce, les jeunes commerçants, les gros négociants, les importants représentants du commerce.

A ce point de vue, je crois que toutes les questions qui intéressent l'Industrie et le Commerce gagneraient à être traitées par des relations internationales. C'est mon modeste avis. On pourrait dire au rapport de M. Le Mercier qu'il serait désirable qu'il s'établisse très prochainement une entente internationale entre les Associations d'Anciens Elèves des Ecoles de Commerce de tous les pays. (Longs applaudissements.)

M. Le Mercier. — Il est certain que ma proposition visait non seulement les Associations françaises, mais encore les Associations étrangères. Malheureusement à l'exception des Associations de Budapest et de Christiania représentées ici par MM. Kreutzer et Otto Bjelke, aucune autre Association étrangère n'a pu prendre part aux travaux du Congrès, et s'y faire représenter, ce que nous regrettons vivement. Dans ces conditions il me paraît difficile de prendre en ce moment une détermination ferme en ce qui concerne les rapports à établir entre nos Associations et celles de l'étranger; nous pourrions dès maintenant en terminer pour les Associations françaises et envoyer ensuite notre vœu à toutes les Associations étrangères.

M. Kreutzer. — Je crois que ce serait très utile pour faciliter le placement de tous nos camarades. On ne reste pas toujours dans le même pays. Ayant débuté dans un pays, un ancien Elève peut se trouver sans place et trouver à se placer dans un autre pays. Cela lui sera plus facile s'il peut s'aboucher avec une Association dans ce pays. Le recrutement des bureaux de placement que forment nos Associations sera complet si le bureau est international. La Suisse a des succursales de bureaux de placement à l'étranger. Nous avons un bureau de placement à Budapest, et nous avons l'intention d'en mettre dans tous les pays et d'entrer en relations avec toutes les nations.

M. Sault. — Je suis très heureux de voir que la question de l'entente avec les Associations étrangères a pris beaucoup plus de développement aujourd'hui qu'il y a trois ans. Elle n'était peut-être pas mûre à cette époque. Je vois avec plaisir qu'on l'agite aujourd'hui avec le désir d'aboutir, après avoir constaté les succès obtenus par l'entente entre toutes nos Associations françaises. Je me rappelle que, en 1900, on avait exprimé le vœu qu'il fût donné souvent, dans le Bulletin, des nouvelles des Associations étrangères. Or, je puis me tromper, mais je ne me rappelle pas avoir lu beaucoup de ces nouvelles de l'étranger depuis trois ans. Je prends acte de ce que l'on fait aujourd'hui, parce que j'estime, comme M. Kreutzer, que cette question des relations internationales entre nos Associations mérite de retenir sérieusement notre attention, et je crois que ce serait un des plus heureux résultats du Congrès de Rouen si elle recevait sa solution aujourd'hui.

M. Girod. — Il me semble que cette discussion, très intéressante et très complète, doit se terminer par un vœu à émettre d'une manière ferme. Ce vœu pourrait être double : relations entre les Associations françaises, d'une part ; relations entre les Associations françaises et étrangères, d'autre part. Je vais demander à M. Le Mercier de vouloir bien nous soumettre le vœu proposé par l'Association rouennaise en ce qui concerne les relations des Associations françaises entre elles.

M. Le Mercier. — Je demanderai qu'on procède, pour l'élaboration de ce vœu, comme on vient de le faire pour le rapport de M. Clamageran, et qu'on nomme une Commission.

M. Girod. — Cette question n'est pas aussi complexe que l'autre.

M. Le Mercier. — Peut-être; mais comme elle touche de très près à l'organisation de nos Associations, peut-être serait-il bon de connaître l'avis des présidents ici présents.

M. Siegfried. — J'appuie cette proposition.

M. Girod. — Alors, l'examen du vœu est ajourné à demain.

M. Emmanuel Faure.— La Commission pourrait se réunir à huit heures et demie demain matin.

Plusieurs. — C'est entendu.

M. Girod. — Il est bien entendu que tous les Présidents d'Associations participeront à la rédaction de ce vœu, à la discussion duquel, d'ailleurs, j'engage tous les Délégués des Associations à prendre part, en Commission, demain matin, à huit heures et demie.

M. Vigouroux. — La question des remises n'a pas été discutée.

M. Emmanuel Faure. — A Bordeaux, nous avons commencé ce service.

M. Le Mercier. — C'est aux Associations à étudier sur place, et chacune en ce qui les concerne, cette question des remises. Cela ne peut pas être traité en quelques minutes.

M. Testenoire. — Naturellement.

M. Siegfried. — Cette question des remises a été traitée dans les rapports à titre d'indication. Nous n'avons pas à prendre de résolutions fermes sur chaque question. Nous venons ici pour chercher des renseignements, trouver de bonnes idées, et je suis sûr que, de cette discussion, qui dépasse de beaucoup ce que j'attendais, chacun fera son profit, en se servant des bonnes idées qui ont été émises et en les appliquant à sa manière. (Applaudissements.)

M. Girod. — Je déclare la séance levée.

La séance est levée à onze heures.

18 JUILLET 1903

QUATRIÈME SÉANCE

Présidence de M. Lefai.

La séance est ouverte à neuf heures du matin, sous la présidence de M. Lefai, président du Congrès, président de l'Association des Anciens Elèves de l'Ecole Supérieure de Commerce de Rouen, assisté de M. Girod, délégué de M. le Ministre du Commerce et de M. Jacques Siegfried, président de l'Union des Associations

M. Clamageran, l'un des secrétaires, lit le procès-verbal de la précédente séance, qui est adopté à l'unanimité sans observations.

M. le Président met aux voix le vœu suivant émis par MM. Clamageran, Pagnon et Pathier, pour faire suite au rapport présenté par M. Clamageran sur « le rôle des Associations au point de vue de l'étude des questions générales du Commerce.

Le Congrès émet le vœu :

1° *Que les Associations d'Anciens Elèves des Ecoles Supérieures de Commerce continuent à encourager parmi leurs membres l'étude des questions générales concernant le commerce par tous les moyens et sous toutes les formes possibles, que dans ceux de ces travaux qui seront publiés, tant par les Associations que par les Chambres de Commerce, les Sociétés Savantes et les journaux, le nom de l'auteur soit suivi de la mention E. S. C.*

2° *Que toutes les fois que les collectivités représentant les intérêts généraux du commerce sont consultées, les Associations soient appelées à être entendues.*

Ce vœu est adopté à l'unanimité.

M. le Président met aux voix le vœu présenté par les présidents des diverses Associations sur la cinquième question, rapportée par MM. Henry et Le Mercier. Ce vœu est ainsi conçu :

Le Congrès émet le vœu :

1° *Que les Associations ouvrent réciproquement leurs portes à tous les Anciens Elèves des autres Associations résidant dans leurs villes ou régions, et cela, sans cotisation spéciale, mais aux deux conditions suivantes :*

Être inscrit et payer sa cotisation à l'Association de l'Ecole dont on fait partie.

Demander par écrit son inscription à l'Association de la localité où on habite.

2° Que les Associations s'entendent pour établir une carte de sociétaire ayant un caractère uniforme.

3° Qu'il soit laissé toute latitude aux groupes situés hors des villes où il y a des Associations, afin que ces groupes agissent suivant les nécessités locales.

Enfin, le Congrès émet le vœu que, conformément au désir exprimé à deux reprises différentes aux Congrès de 1900 et 1903, des rapports plus intimes et un échange suivi de correspondance, soient établis entre les Associations de France et de l'étranger.

M. PATHIER. — Je désirerais avoir un renseignement : Qui est-ce qui sera chargé de faire la carte dont parle le vœu ?

M. LE MERCIER. — C'est l'Union.

M. PATHIER. — Le vœu ne le dit pas ; il vaudrait mieux l'ajouter.

M. VIGOUROUX. — Naturellement.

M. LEFAI. — En prenant notre décision, nous avons bien pensé que ce soin incomberait à l'Union.

M. PATHIER. — Il est préférable que ce soit indiqué explicitement dans le vœu.

M. SIEGFRIED. — Il n'y a qu'à mettre « dont le modèle sera préparé par l'Union. »

M. LE MERCIER. — Oui.

Le vœu, ainsi complété, est adopté sans autres observations.

M. LEFAI. — Messieurs, l'ordre du jour appelle la discussion du rapport de M. Jeanne Julien, sur la quatrième question. Je me permettrai de vous signaler le dévouement de M. Jeanne-Julien, que nous n'avons pas eu le plaisir de voir à nos premières séances, retenu par ses occupations professionnelles, mais qui n'ayant que quelques heures à dépenser, a bien voulu nous les consacrer pour présenter lui-même son rapport. (Applaudissements.)

M. Jeanne-Julien. — Je remercie tout d'abord Monsieur le Président des paroles aimables qu'il vient de m'adresser et je vous remercie tous, Messieurs, de votre bienveillant accueil. M'étant occupé des questions qui intéressent nos Associations depuis l'origine de nos groupements, j'aurais été désireux d'assister à toutes les séances de ce Congrès. Mes occupations m'en ont empêché, mais j'ai tenu à venir vous présenter moi-même le rapport dont l'Union m'avait chargé sur la participation des Associations aux Congrès d'Enseignement Commercial et aux Conseils officiels de l'Enseignement Technique.

Cependant, avant de passer à cette lecture, je me permettrai certaines réflexions. Je vous ferai remarquer, entre autres choses que parmi les Congrès de l'Enseignement Technique, les uns se rapportaient en même temps à l'enseignement commercial et à l'enseignement industriel, tandis que d'autres s'occupaient uniquement de l'enseignement commercial. J'appellerai aussi votre attention sur le Congrès de Londres, en 1897. Ce fut un Congrès tout spécial, dans lequel on s'occupa de toutes sortes de choses, et, fait rare dans un Congrès, dans lequel on n'émit aucun vœu.

Je crois qu'il y aurait une conclusion à tirer de tout cela : c'est que pour que les Congrès donnent des résultats, il faudrait les spécialiser le plus possible, comme on l'a fait à Anvers, en 1898, et à Venise, en 1899. Il est vrai que ces deux Congrès se sont tenus à l'occasion d'anniversaires et sous le patronage de l'Ecole Supérieure de Commerce de chacune des deux villes. N'empêche que, après avoir examiné l'ensemble des résultats de tous ces Congrès, en présence du développement considérable de l'Enseignement Supérieur Commercial, il est nécessaire de ne pas mélanger toutes les questions, de ne plus avoir un Congrès comme celui de 1900 où l'on mêla toutes les questions, depuis celle du Cours de Bureau Commercial ou bureau modèle, jusqu'à celles se rapportant à l'enseignement des jeunes filles et aux cours du soir, qui n'intéressaient pas nos Associations. Il faudrait, à l'avenir, faire une section spéciale pour l'Enseignement Supérieur que nous représentons ici.

ORDRE DU JOUR. — *Participation des Associations aux Congrès d'Enseignement Commercial et aux Conseils officiels de l'Enseignement Technique.*

RAPPORTEUR. — M. Georges JEANNE-JULIEN (H. E. C., 1884), trésorier honoraire de l'Union.

M. JEANNE-JULIEN. — Tout en relisant la quatrième question du programme que mes collègues de l'Union m'ont chargé de traiter, je me demande si le Comité d'organisation du Congrès ne s'est pas trompé en groupant dans un même chapitre deux institutions aussi différentes tout au moins dans leur composition; car, si le premier sujet se résout par l'affirmative, en ce qui concerne notre participation effective c'est jusqu'à présent par la négative qu'il faut clore le second.

Tandis, en effet, que nos Associations ont pris, ensemble ou séparément, une part prépondérante dans les Congrès d'Enseignement Technique, il est à remarquer qu'elles n'ont jamais été admises aux Conseils du dit enseignement.

Que si, par extraordinaire, l'un des nôtres fait partie d'une Commission officielle quelconque, soyez assurés que ce n'est pas en qualité d'Ancien Elève d'une Ecole Supérieure de Commerce, mais bien parce qu'il est devenu fonctionnaire.

La première partie de la question donne cependant lieu à un brillant exposé, dont la conclusion devrait légitimement aboutir à la solution de la seconde, en notre faveur; c'est ce que je tenterai de prouver.

PREMIER CONGRÈS, BORDEAUX 1886

Le premier Congrès de l'Enseignement Technique s'est tenu à Bordeaux, du 20 au 25 septembre 1886, sous le patronage de la Société Philomatique, qui en avait pris l'initiative.

C'est le 4 décembre 1885 que l'Assemblée générale de cette Société avait résolu de réunir pour la première fois un Congrès International dans lequel seraient discutées les questions relatives à l'Enseignement commercial et industriel.

Le but du Congrès était, en mettant cette question à l'ordre du jour, de fortifier le courant d'opinion qui s'était manifesté depuis peu en faveur de l'Enseignement Technique, de hâter le moment où les vœux de ses partisans seraient réalisés, en coordonnant les nombreux matériaux existants, mais épars et sans aucuns liens. Il s'agissait donc de faire connaître l'état de cet enseignement aussi bien en France qu'à l'étranger, son domaine, son influence sur la situation économique, sa préparation, son patronage officiel et privé, ses programmes, son recrutement.

A cette époque, les Ecoles Supérieures de Commerce, qui ont dû leur principal épanouissement à la loi militaire de 1889, étaient encore bien peu nombreuses, les Associations d'Anciens Elèves étaient en général de création récente ; elles ne purent donc prendre qu'une part très restreinte à ce premier Congrès.

Au point de vue particulier de l'Enseignement Commercial, la question principale touchait à son organisation même et intéressait beaucoup plus les professeurs que les anciens élèves ; elle se rapportait aux divers degrés de l'enseignement :

1er degré. — Enseignement Commercial élémentaire.

2e degré. — Ecoles Supérieures de Commerce.

Degré supérieur. — Hautes Etudes Commerciales.

Il s'agissait, comme on le voit, d'un simple exposé ne prêtant guère à discussion ; aussi, trois Associations seulement : Hautes Etudes Commerciales, Bordeaux, Marseille, furent-elles représentées au Congrès ; encore cette dernière Association eut-elle pour délégué son président honoraire, M. Lejeune, directeur de l'Ecole, qui y vint plutôt en cette dernière qualité.

Le président de la section commerciale fut M. Jacques Siegfried, qui devait conserver ces fonctions aussi honorables qu'importantes dans tous les Congrès ultérieurs ; dès le premier jour, il devint inamovible !

Les vœux émis par la Section Commerciale réclamaient l'assimilation du diplôme de l'Enseignement secondaire spécial, de création récente et dans lequel les langues vivantes remplaçaient les langues mortes, à celui de l'Enseignement classique proprement dit; ils insistaient pour que cet Enseignement spécial, encore mal vu dans les Etablissements classiques, fut donné autant que possible dans des Etablissements distincts, de façon à gagner en dignité et en indépendance.

On délibéra en faveur de la création de nombreuses Ecoles commerciales, en facilitant le recrutement des élèves par des avantages égaux à ceux des enseignements de même importance : diplôme officiel, bénéfice du volontariat, sursis d'appel en faveur des jeunes gens français séjournant aux colonies et même exemption définitive après un séjour déterminé.

D'autres vœux furent émis en vue de la création d'une union permanente entre les Ecoles de Commerce françaises et de l'établissement de relations actives et suivies entre toutes les Ecoles de Commerce françaises et étrangères ; enfin, du placement des élèves à l'extérieur par l'intermédiaire des Chambres de Commerce françaises à l'étranger.

Un seul rapport, relatif aux bourses de séjour à l'étranger fondées par le Ministère du Commerce, fut déposé par un ancien Elève, notre excellent camarade, connu de tous, Emmanuel Faure, président de l'Association de Bordeaux. Il demandait que la libre disposition des bourses fût laissée aux Chambres de Commerce dirigeant des Ecoles Supérieures pour en faire la répartition à leur gré entre les anciens élèves ayant fait un stage dans des maisons de commerce. C'était la suppression d'un concours officiel reconnu aussi insuffisant dans son programme que dans ses résultats. Le vœu présenté par notre camarade fut adopté, ...mais l'Administration fit la sourde oreille !

Ai-je besoin d'ajouter que, sauf ce dernier vœu, tous les autres ont reçu plus ou moins promptement la sanction des Pouvoirs publics et de l'initiative privée.

L'Enseignement Commercial Supérieur, représenté actuellement par quinze Ecoles, occupe aujourd'hui en France une place d'honneur.

Les Ecoles se sont multipliées, un diplôme officiel leur a été accordé auquel des avantages sérieux étaient attachés.

L'Union des Associations, aujourd'hui si vaillante et si forte, a été fondée, englobant dans une même œuvre de solidarité généreuse et d'affectueuse camaraderie des milliers d'anciens élèves de tous âges et de toutes conditions !

Enfin, les Ecoles de Commerce du monde entier se sont rapprochées dans un bel élan de cordiale sympathie, comme en témoigne notre réunion de ce jour.

Ainsi nos Associations, si elles ont contribué pour bien peu comme nombre, à ce premier Congrès, ont au contraire assuré, par leur groupement, l'exécution de la plupart des vœux qu'il a émis. Or, l'achèvement d'une œuvre n'est pas inférieur à sa préparation.

DEUXIÈME CONGRÈS, PARIS 1889

Le deuxième Congrès de l'Enseignement Technique se tint à Paris, au Conservatoire des Arts et Métiers, à l'occasion de l'Exposition Universelle de 1889. Les vœux émis au cours de ce Congrès, au mois de juillet, furent repris, pour leur donner plus de poids, par le Congrès international du Commerce et de l'Industrie qui se réunit plus tard, en septembre, et les confirma en entier.

Le programme des questions posées fut le suivant :

Organisation de l'Enseignement Technique dans les divers pays, sa définition, sa classification; rapports de l'Enseignement Technique avec l'Enseignement général à ses divers degrés, sanctions des études; action de l'Etat, des différents corps constitués et des sociétés privées sur la création, la surveillance et la direction des établissements d'enseignement technique.

La présidence de la Section Commerciale fut attribuée à M. Jacques Siegfried. M. Hiélard, président du Conseil d'Administration de l'Ecole des Hautes Etudes Commerciales en fut le vice-président; furent appelés aux fonctions de secrétaires : M. Manès, directeur de l'Ecole de Bordeaux, et M. Aire, membre du Conseil d'Administration de l'Institut Commercial de Paris.

Les Ecoles Supérieures de Commerce, à défaut des Associations, encore trop jeunes pour la plupart, prirent donc une part des plus actives à ce deuxième Congrès.

La Section Commerciale constata, avec la plus entière satisfaction que le Gouvernement français avait pris les mesures nécessaires pour que le diplôme de l'Enseignement spécial fût assimilé de la façon la plus générale à celui de l'Enseignement classique proprement dit, conformément au vœu exprimé par le Congrès de Bordeaux en 1886.

Elle reconnut les bons effets de l'Enseignement spécial, dont le développement orientait l'opinion publique vers les études commerciales en préparant utilement à l'Enseignement Commercial Supérieur.

Le Congrès estima que les Pouvoirs publics venaient de rendre le plus grand service à l'Enseignement Commercial en votant l'article 23 de la nouvelle loi militaire et insista pour que le Ministre du Commerce accordât, comme cela avait été demandé par le précédent Congrès, sa sanction officielle aux diplômes des Ecoles de Commerce, en concourant à la formation de leur Jury d'examen par l'envoi de délégués.

En fait, le règlement d'administration publique qui intervint à la suite du vote de la loi militaire, donna complète satisfaction à cette demande, l'Etat devant tout naturellement contrôler l'obtention des faveurs qu'il accordait.

Le Congrès renouvela le vœu qu'une union permanente fût constituée entre les Ecoles de Commerce françaises et que des relations actives et suivies fussent établies entre toutes les Ecoles de Commerce françaises et étrangères.

Il fallut plusieurs années pour réaliser ce vœu. Si l'enfantement fut laborieux, l'Union naquit en 1892 parfaitement constituée et, aujourd'hui, c'est une adolescente pleine de vigueur et d'avenir. Dès le jour de sa naissance, elle parla abondamment, comme on a pu le constater à Bordeaux, en 1895.

Enfin, le Congrès, considérant les grands services que les musées commerciaux peuvent rendre au commerce et à l'Enseignement Technique, conseilla de profiter de l'Exposition de 1889 pour organiser, à Paris, un musée commercial, en obtenant des exposants des dons de collections et de vitrines. Ce conseil fut suivi comme on le sait.

L'article 4 du Congrès International du Commerce et de l'Industrie admettait aux séances du Congrès, à titre d'auditeurs et sans cotisation, les élèves de l'Ecole des Hautes Etudes Commerciales et les élèves des cours supérieurs des Ecoles de Commerce de Paris et des départements, délégués par le directeur de ces Ecoles.

C'est ainsi que furent délégués comme auditeurs dix anciens H. E. C. et dix anciens élèves de l'Ecole de Physique et de Chimie. Seules en France, les Associations de ces deux Ecoles avaient adhéré officiellement audit Congrès.

J'eus l'honneur de parler le dernier à la séance de clôture, pour remercier, au nom des auditeurs, le Comité d'organisation de la faveur qu'il nous avait faite.

Aujourd'hui, je serais beaucoup moins modeste, et je demanderais aux Comités d'organisation de nous remercier pour la part importante que nous avons prise à tous les Congrès ultérieurs, coopérant largement à leurs succès ; ce qu'ils auraient de mieux à faire, en guise de remerciements, serait de nous accueillir dans leur sein.

Le Congrès International du Commerce et de l'Industrie, sur la proposition de M. Martel, Inspecteur général de l'Université, dont la parole autorisée se fit entendre à tous les Congrès d'Enseignement Technique, combla une lacune en adoptant le vœu suivant :

« Le Congrès émet le vœu qu'afin d'assurer le recrutement du « personnel chargé de l'Enseignement Technique dans les écoles « publiques et privées, les autorités compétentes dans chaque pays se « préoccupent de fonder, dans la plus large mesure possible, des

« écoles ou des sections normales auprès des établissements d'Enseignement Technique, industriel et commercial. »

En effet, si l'Enseignement Commercial à tous les degrés se développait rapidement, recrutant de nombreux adhérents, il était urgent de se préoccuper du recrutement du personnel enseignant. Cette importante question fut d'ailleurs reprise plusieurs fois par la suite.

TROISIÈME CONGRÈS, BORDEAUX 1895

Il est d'usage, dans certaines grandes Ecoles, de donner à chaque promotion un nom emprunté à un événement important ou à un grand homme. Si l'on faisait de même pour les Congrès, celui de 1895 devrait s'appeler *Congrès de l'Union*.

Sept Ecoles en faisant partie y étaient représentées. Les Associations de Bordeaux, Hautes Etudes Commerciales, Institut Commercial, Ecole Supérieure de Paris, y avaient envoyé des délégués. Quant à l'Union, elle avait détaché son Bureau tout entier : son président était flanqué du secrétaire-général Marcadet et du trésorier Jeanne-Julien. Renouard, toujours fidèle au poste, était venu aussi bien pour le compte de l'Union que pour sa propre Association, dont il était le Président.

Beaucoup de fonctionnaires, cela va de soi ; mais, étant venus par ordre, ils avaient beaucoup moins de mérite.

Dans son discours d'ouverture du Congrès, le président, M. Léo Saignat, ancien président de la Société philomatique, énumérait avec une fierté justifiée les résultats des deux Congrès précédents :

« Mais, disait-il, l'œuvre n'est pas achevée et lorsqu'elle semblera « l'être, des besoins nouveaux apparaîtront qui appelleront de nou« velles mesures et auxquelles il faudra satisfaire aussitôt ; le progrès « ne doit pas s'arrêter.

« La science, en effet, ne s'arrête point dans ses découvertes et « l'enseignement nécessaire aux industriels et aux commerçants est « destiné à subir les modifications qui doivent l'adapter aux besoins « créés chaque jour par les découvertes nouvelles.

« Le but des Congrès est la recherche incessante de ces besoins « et l'étude des perfectionnements qu'ils nécessitent. »

Le programme du Congrès de l'Union comportait trois parties :

1° Progrès accomplis dans l'Enseignement Technique à tous les degrés dans les divers pays, et principalement depuis le Congrès de 1889 ;

2° Progrès à réaliser dans l'organisation, les règlements et les programmes. Conditions d'obtention des diplômes. Bourses commerciales. Prêts remboursables. Encouragements à l'expatriation ;

3° Questions spéciales. Associations d'Anciens Elèves. Musées commerciaux. Elèves consuls et attachés commerciaux. Périodicité des Congrès d'Enseignement Technique.

Voici le détail des questions traitées par les Associations :

1° Etude sur le système de placement de la Société des Employés de Commerce de Hambourg, présentée au nom de M. Bisch, vice-président de l'Union, par M. Marcadet, secrétaire de l'Union ;

2° Les Musées commerciaux à l'étranger et réformes à apporter dans l'organisation des Musées commerciaux français, par M. Alfred Renouard, président de l'Association de Paris ;

3° L'Union des Associations des Anciens Elèves des Ecoles Supérieures de Commerce, par M. Marcadet, secrétaire de l'Union ;

4° Bourses commerciales de séjour à l'étranger, par M. Jeanne-Julien, trésorier de l'Union, président de l'Association des H. E. C. ;

5° Communication sur le système d'instruction adopté par le « Packard's Business Collège », à New-York, par M. Perez-Henrique, président de l'Association de Bordeaux ;

6° Rapport de la Commission de placement de l'Association de l'Institut Commercial, présenté par M. Perez-Henrique, au nom de M. Sault, président de l'Association ;

7° Communication de M. Perez-Henrique sur le développement des moyens d'action de la Société d'Encouragement pour le Commerce français d'exportation.

En outre, l'appendice du compte rendu des travaux comprend :

Une étude sur les nouveaux Musées commerciaux, l'Institut Impérial de Londres et le Musée Commercial de Paris, par M. Jeanne-Julien.

Un rapport sur l' « Enseignement Commercial Supérieur », par M. Reverchon, secrétaire-général de l'Association des H. E. C.

Une communication de M. Robin fils, H. E. C., sur l'Enseignement Commercial, sans compter la part importante prise à la discussion de tous les sujets présentés. On parla pour le moins autant qu'on écrivit.

Le Congrès renouvela le vœu, émis en 1880 et 1889, de voir des relations actives et suivies s'établir entre toutes les Ecoles de Commerce françaises et étrangères. Rien ne nous empêche de le renouveler encore, car leur développement est indéfini.

On proposa d'instituer une troisième année de cours à l'Ecole des

Hautes Etudes Commerciales, afin de permettre aux élèves qui le désireraient de pousser plus avant leurs études pour aborder la carrière consulaire ou le professorat commercial.

Ce vœu a été partiellement sanctionné par l'admission à l'Ecole des Hautes Etudes Commerciales d'élèves-maîtres destinés à l'Enseignement Commercial.

Le Congrès émit le vœu que, dans le Conseil Supérieur de l'Enseignement Technique, deux places fussent réservées aux directeurs des Ecoles Supérieures de Commerce. Aujourd'hui, nous demanderons la même faveur pour les Anciens Elèves.

Un vœu, très important, relatif à l'obtention du diplôme supérieur donnant droit à la dispense militaire fut adopté et suivi d'effet.

On demanda de mettre à l'étude le mode d'attribution des bourses commerciales de séjour à l'étranger; mais l'Administration continua à faire la sourde oreille, comme après le premier Congrès.

On reconnut l'utilité de l'enseignement facultatif de la sténographie dans les écoles de garçons et la nécessité d'améliorer l'enseignement des langues vivantes.

Enfin, M. Jacques Siegfried fit observer que pour donner de la continuité aux efforts produits à chaque Congrès, il serait bon d'avoir un Comité permanent, composé de quatre ou cinq personnes, qui dans l'intervalle des Congrès poursuivrait l'exécution des vœux émis et préparerait le programme du Congrès suivant. Cette proposition fut accueillie avec enthousiasme, prouvant surabondamment que le Congrès de 1895, fut bien le Congrès de l'Union.

J'oubliais de dire que M. Siegfried remporta un énorme succès en proposant de clore les Congrès autrement que par des discours, *verba volant*, mais de les terminer *inter pocula !* C'est sans doute de cette idée que naquirent plus tard les Dîners-Causeries de l'Union.

QUATRIÈME CONGRÈS, LONDRES 1897

La réunion du Congrès dans la capitale du Royaume-Uni réalisa un vœu exprimé en 1895 par M. Léo Saignat, quand il ouvrit à Bordeaux le troisième Congrès. Les trois premiers Congrès s'étaient en effet réunis en France et le Président de la Société Philomatique fit justement remarquer qu'il ne fallait pas perdre de vue que nos Congrès sont internationaux et qu'ils doivent garder ce caractère pour conserver toute leur utilité ! « Si les Congrès, disait-il, se réunissaient toujours dans le même pays, on pourrait craindre que l'uniformité amenât la lassitude et que l'on se rendît moins nombreux dans les Congrès qui perdraient ainsi une partie de leur autorité ».

Londres fut choisi comme siège du futur Congrès et c'est la Société pour l'encouragement des Arts, des Manufactures et du Commerce qui fut chargée de son organisation.

Cette Société, son titre l'indique, embrasse toutes les branches de l'activité humaine; aussi, ne faut-il pas s'étonner si son programme fut beaucoup plus varié que celui des précédents Congrès. Parmi les rapports déposés, on en compte plusieurs sur la chimie et l'éducation agricole, d'autres relatifs aux enseignements techniques les plus divers : Imprimerie, Horlogerie, Verrerie, Matières précieuses, Dessin, Architecture et Bâtiment.

Contrairement à ce qui s'était produit jusque là, aucun vœu ne fut émis. Il est donc impossible de faire connaître des résultats tangibles, d'autant plus que les rapports les plus volumineux exposaient principalement, avec d'intéressantes statistiques à l'appui, l'état de l'Enseignement Technique dans les divers pays représentés au Congrès.

Il y fut également question des institutions polytechniques, des cours du soir, de la formation du personnel enseignant, de l'enseignement des langues vivantes, etc.

Dans l'impossibilité de résumer les nombreux rapports présentés et les opinions émises, qu'il nous suffise de dire (puisqu'aussi bien il s'agit uniquement de la participation des Associations d'Anciens Elèves à ce Congrès), qu'elles y furent représentées, comme toujours, avec éclat par l'infatigable président de l'Union qui fit partie du Comité exécutif du Congrès et dont le rapport sur l'Enseignement Commercial en France fut mentionné par le président du Congrès, dans son discours d'adieu, comme l'un des meilleurs qui avaient été présentés.

CINQUIÈME CONGRÈS, ANVERS 1898

Le cinquième Congrès, au contraire des quatre précédents qui comprenaient deux sections, l'une industrielle, l'autre commerciale, ne s'occupa que de l'Enseignement Commercial à tous les degrés; il se réunit à Anvers, à l'occasion du vingt-cinquième anniversaire du Cercle des Anciens Etudiants de l'Institut Supérieur de Commerce d'Anvers et du cinquantenaire de cet Institut.

Le programme des travaux était très limité, comme on va le voir, et il se rapprochait tout à fait de celui de la Section Commerciale du Congrès de 1886.

1° Quelle est l'utilité d'un enseignement commercial complet?

2° Que doit être l'enseignement commercial dans les écoles primaires?

3° Comment doit-on organiser l'instruction commerciale dans l'enseignement moyen?

4° Que doit être l'enseignement commercial supérieur?

D'après un article du règlement, les discussions ne devaient pas être suivies de vote, aucune Association française ne se fit inscrire individuellement à ce Congrès, mais elles furent représentées dans leur ensemble par l'Union.

M. Louis Strauss, président du Cercle d'Anvers, fut choisi comme président du Congrès.

M. Jacques Siegfried fut nommé vice-président pour la France.

Le rapporteur de la première question déclara qu'elle se posait d'une façon trop étendue pour conclure à quelque chose de précis.

En ce qui concerne la seconde, tout le monde fut d'accord pour déclarer que l'enseignement primaire ne doit pas être spécialisé, que l'éducation générale doit, jusqu'à l'âge de douze à quatorze ans, fournir une base sérieuse pour toute instruction technique ultérieure; l'on protesta contre tout désir de vouloir commencer plus tôt l'enseignement commercial, les enfants de moins de quatorze ans doivent apprendre à lire, à écrire, à calculer. L'introduction d'éléments commerciaux dans les écoles primaires constituerait un réel danger, les enfants n'ayant pas la maturité suffisante pour saisir ces nouveaux éléments.

M. Siegfried résuma le débat sur la troisième question en disant que l'on doit s'efforcer de rendre l'enseignement moderne de plus en plus pratique et que les écoles commerciales moyennes doivent former de bons employés et des petits patrons et négociants.

La quatrième question donna lieu à de très intéressantes discussions et l'on peut dire qu'il y eut autant d'avis émis que d'orateurs inscrits, chacun prônant le système adopté dans le pays qu'il représentait. Comment pourrait-il en être autrement quand des écoles de même rang ne poursuivent pas absolument le même but? En France, malgré l'uniformité des programmes provoquée par la loi militaire, il y a cependant des sections spéciales suivant les besoins de la région, cours d'armement dans les ports, industrie à Bordeaux, tissage à Lyon; l'Institut Commercial a été créé en vue surtout du commerce d'exportation. Il est probable qu'au lieu d'être général, l'enseignement commercial supérieur tendra de plus en plus à se spécialiser, sans que l'on puisse dire qu'un programme sera supérieur à l'autre; ils peuvent être d'égale valeur tout en étant différents.

Un anglais, M. Burnton, rendit hommage à l'enseignement commercial français qu'il considérait comme en progrès de quinze ans sur l'Angleterre.

SIXIÈME CONGRÈS, VENISE 1899

Comme le précédent Congrès, celui de Venise fut monocorde; on s'y occupa exclusivement de l'Enseignement Commercial, et principalement de l'Enseignement Secondaire, car la place prépondérante avait été réservée jusque-là à l'Enseignement Supérieur.

Le programme était composé comme suit :

1° But, domaine et organisation de l'Enseignement Commercial moyen ou secondaire. Ses rapports avec l'Enseignement primaire général et l'Enseignement commercial supérieur;

2° Comment doit être organisé l'enseignement des langues vivantes dans les Ecoles de Commerce secondaires et supérieures;

3° Du bureau modèle. La meilleure manière de l'organiser;

4° Utilité des bourses pour la pratique commerciale à l'étranger et leur mode d'attribution;

5° Représentation de l'enseignement commercial dans les Conseils Supérieurs du Commerce.

Le président du Congrès fut M. Pascolato, délégué des directeurs de l'Ecole de Venise, et l'on compta, parmi les vice-présidents, MM. Louis Strauss, président de l'Association d'Anvers; Jacques Siegfried, président de l'Union; Léo Saignat, président de la Société philomatique de Bordeaux.

Les Associations d'Anciens Elèves prirent une part active à ce Congrès; on y remarquait les Hautes Etudes Commerciales. Paris, Venise, Anvers, l'Union; l'Institut Commercial était représenté par M. Coquentin, ancien professeur; Bordeaux, par M. Manès, directeur; Lyon, par M. Saint-Cyr-Penot, directeur.

Un article du règlement stipulait que les discussions ne donneraient pas lieu à des délibérations.

Mais on ne se fit pas faute de présenter des vœux.

On admit : 1° que l'Enseignement Commercial ne doit commencer qu'après l'Enseignement primaire élémentaire, qui reste général, conformément à l'avis exprimé précédemment (à Londres et à Anvers) qu'il ne doit pas y avoir d'Enseignement Commercial primaire; 2° que l'Enseignement Commercial secondaire ne doit pas être une préparation à une Ecole Supérieure, mais former des jeunes gens immédiatement utilisables dans les affaires.

On proposa de donner une plus grande importance dans les Ecoles de commerce secondaires à l'enseignement des langues vivantes, en engageant les professeurs à se servir dans leur cours de la langue enseignée et à familiariser les élèves avec le vocabulaire employé dans le commerce. On reconnut enfin l'utilité de la confection d'un lexique donnant la traduction exacte, dans toutes les langues, des termes commerciaux.

Le Congrès recommanda la réunion d'un grand nombre de communications sur l'organisation actuelle du Bureau commercial dans les Ecoles de Commerce des divers pays, en vue de l'étude de cette question par le prochain Congrès.

Enfin, il émit un vœu en faveur de l'entrée des membres de l'Enseignement Commercial supérieur dans les Conseils Supérieurs du Commerce.

Plusieurs vœux furent proposés au sujet des bourses de séjour à l'étranger, sans qu'aucun obtînt la préférence ; cette question, traitée pour la troisième fois, est donc encore pendante.

Parmi les travaux présentés au Congrès, il faut citer un rapport de notre camarade Renouard sur la participation des membres de l'enseignement aux Conseils Supérieurs du Commerce.

Un mémoire de M. Saint-Cyr-Penot sur l'enseignement pratique de la Comptabilité par le Bureau commercial.

Enfin, des rapports verbaux faits par M. Renouard tant sur l'Ecole pratique de Commerce et de Comptabilité de Paris, méthode Pigier, que sur les bourses commerciales.

SEPTIÈME CONGRÈS, PARIS 1900

L'Exposition universelle de 1900 devait nécessairement favoriser l'éclosion de nombreux Congrès ; l'Enseignement Technique organisa le sien, qui présente avec ses prédécesseurs une importante différence ainsi définie dans la séance d'ouverture par le Président du Comité d'organisation :

« Celui-ci, dit-il, a pensé qu'il convenait d'abandonner les dis-
« cussions d'ordre général pour ne soumettre à votre délibération que
« des questions bien précises se rapportant à l'organisation et au fonc-
« tionnement des Ecoles industrielles et commerciales.

« Le choix de ces questions était d'autant plus difficile que nous
« avions le devoir d'en limiter strictement le nombre afin de per-

« mettre pour chacune d'elles une étude suffisamment approfondie
« pendant la durée forcément restreinte de notre Congrès. »

En fait, la Section Commerciale n'eut que quatre questions à traiter, dont deux, se rapportant à l'enseignement des jeunes filles et aux cours du soir, n'intéressaient pas nos Associations. Les deux autres étaient d'ordre pédagogique ; on demandait, en effet : 1° Quels sont les meilleurs moyens de former des professeurs pour les divers degrés de l'Enseignement Commercial ? 2° Est-il utile d'avoir, dans les Ecoles de Commerce, un cours de Bureau commercial ou Bureau modèle? En quoi doit-il consister, et quelle méthode doit-on y suivre ?

Cette dernière question fut rapportée par M. Jacques Siegfried, président de l'Union, qui, nommé président de la Section Commerciale, eut comme secrétaire notre camarade Renouard.

L'Union représenta, encore une fois, toutes les Associations à ce Congrès, qui fut quelque peu délaissé, pour deux raisons : d'abord le petit nombre et la nature des questions posées, ensuite l'existence d'un autre Congrès beaucoup plus intéressant pour les Associations des Ecoles Supérieures de Commerce, puisqu'elles-mêmes avaient organisé le leur, pour la première fois et sous les auspices de l'Union.

Malgré l'étroitesse du programme, on n'arriva pas à se mettre d'accord sur les questions qui présentaient de l'intérêt pour notre Enseignement Supérieur.

En effet, si le Congrès estimait qu'il était utile d'instituer, dans les divers pays, un diplôme spécial pour les professeurs de l'Enseignement général, industriel ou commercial, primaire et moyen, il déclara que ce vœu ne s'appliquait pas à l'Enseignement Supérieur.

Ce Congrès reconnut l'utilité de faire appel de temps en temps, en dehors des professeurs proprement dits, à d'anciens négociants ou à des commerçants en exercice qui voudraient bien faire des conférences publiques aux élèves.

Relativement au Bureau commercial, le Congrès émit le vœu suivant adopté à l'unanimité :

« Que le Comité permanent institue une Commission spéciale chargée de recueillir des renseignements complets sur la manière dont les divers pays comprennent et appliquent le Bureau commercial ou Bureau modèle et chercher à en dégager les principes qui doivent servir de guide à l'organisation de ce cours. »

Deux Congrès consécutifs n'étaient donc pas arrivés à trancher cette importante question.

De cet exposé, il y a lieu de faire ressortir les considérations suivantes :

On remarquera tout d'abord, que si la plupart des Congrès ont été composés de deux sections, l'une industrielle, l'autre commerciale ; d'autres, beaucoup plus sages, selon moi, n'avaient pour objet qu'un seul enseignement: l'enseignement commercial.

Dans le double Congrès, les deux sections tenant toujours leurs séances simultanément, il est facile de s'apercevoir qu'on ne peut assister aux deux à la fois, et que suivre les travaux de l'une, c'est forcément renoncer à ceux de l'autre !

D'autre part, on admettra bien que s'il y a d'étroites relations entre l'industrie et le commerce, les chemins à suivre pour arriver à leur pratique, par l'enseignement, sont absolument différents.

Pour l'Enseignement Commercial, on a reconnu qu'il n'y a aucun lien entre ses divers degrés, que le primaire n'existe pas, et que le secondaire ne doit pas préparer au supérieur.

Ceci bien établi, il est aisé de conclure qu'il faudrait tenir des Congrès complètement séparés pour les divers enseignements et pour les divers degrés de chaque enseignement.

Qu'importe en effet à l'Enseignement Commercial supérieur le programme des cours de jeunes filles, pour ne citer qu'un exemple ?

On a reconnu, à l'occasion du Congrès de 1900, qu'il ne fallait aborder qu'un petit nombre de questions. N'arriverait-on pas encore à un meilleur résultat si l'on n'abordait que des questions concernant un seul et même enseignement, en considérant les divers degrés comme des enseignements séparés, de telle façon que tous les membres du Congrès sans exception puissent s'y intéresser et prendre part utilement aux discussions?

C'est évidemment parce que l'on n'a pas procédé de cette façon ni suffisamment sérié les questions, que certaines reviennent plusieurs fois sur le chantier sans obtenir de solution ; il nous suffira de mentionner les Bourses commerciales de séjour à l'étranger et le Bureau modèle qui nous concerne tout spécialement.

Ceci posé, il ressort clairement de ces observations que la décentralisation s'impose.

Les fonctionnaires, directeurs, professeurs ou élèves de l'enseignement secondaire ou primaire, de cours d'adultes, n'ont pas plus à s'occuper de notre enseignement supérieur que les aveugles des couleurs, ou les sourds des symphonies de Wagner.

C'est à nous, Associations d'Anciens Elèves, qu'il appartient de faire connaître nos desiderata appuyés sur l'expérience, surtout quand, sortis de l'école depuis plusieurs années, nous avons pu ajouter à l'enseignement théorique reçu sur les bancs la pratique journalière des affaires.

C'est de cette idée que s'est inspiré le Congrès de 1900 en demandant de faire appel, en dehors des professeurs, à des anciens négociants ou à des négociants en exercice pour traiter certains sujets; est-ce que, parmi ces négociants, nos camarades ne devront pas être choisis de préférence comme étant les plus capables d'appliquer les méthodes d'enseignement qu'ils ont suivies au genre d'affaires qu'ils traitent ?

Comme l'a fait remarquer notre camarade Renouard à Venise, « la science toute théorique des professeurs et des fonctionnaires aurait tout avantage à prendre contact avec la pratique du commerce et de l'industrie, et l'on réaliserait ainsi l'union de deux genres de personnes dont on ne saurait trop souhaiter le contact répété : des hommes d'études et les hommes d'affaires ».

De son côté, mon camarade Gabriel Faure, des H. E. C., réclamait avec raison, lors de notre premier Congrès, la création de Conseils de perfectionnement dans chacune de nos écoles et la participation des Anciens Elèves à ces Conseils de perfectionnement.

« Toute école, disait-il, se présente sous un double aspect. Il y a le côté matériel, les recettes sans cesse grossissantes couvrant les dépenses et laissant même en fin d'exercice un bénéfice que l'administrateur envisage avec satisfaction, mais il y a aussi le côté intellectuel et moral, le niveau des études, la qualité de l'enseignement, son amélioration progressive qu'on doit viser à l'égal des succès pécuniaires, succès quelquefois trompeurs et dûs à des causes externes dont la disparition subite serait la ruine de l'établissement, s'il n'avait eu la sagesse d'assurer l'avenir. Pour échapper à ce danger, il faut et il suffit que l'école réponde à un besoin réel. Il est indispensable qu'en franchissant le seuil l'étudiant acquiert la certitude d'en sortir bien outillé pour entreprendre la carrière à laquelle il se destine. »

Ce résultat, notre camarade l'obtenait par le dédoublement au moins partiel de la gestion. A côté de l'autorité administrative quelle qu'elle soit, chargée de veiller aux intérêts matériels il demandait la création de Conseils de perfectionnement ayant pour mission de proposer toutes les mesures qui lui paraîtraient propres à l'amélioration intellectuelle. Dans ces Conseils devaient siéger, avant quiconque, les Anciens Elèves des Ecoles.

C'est maintenant que je comprends la connexité existant entre les deux parties de mon sujet.

Nos Associations ont participé avec éclat à tous les Congrès Internationaux de l'Enseignement Commercial, prouvant par les nombreux rapports présentés, les opinions soutenues, les vœux émis et adoptés, que personne n'était mieux en état que nous, Anciens Elèves, d'étudier les questions relatives à l'Enseignement Commercial, pour contribuer à son développement.

J'emprunte ce dernier membre de phrase à l'article 2, § 5, des statuts de l'Union, définissant son but, qui a été si largement atteint, sinon officiellement, du moins à titre privé.

Il est grand temps de nous faire une place importante dans les Conseils officiels. Notre camarade Gabriel Faure avait entrevu, dès 1900, la disparition de causes extérieures de succès pouvant amener la décadence de nos Ecoles.

L'Enseignement Commercial Supérieur est actuellement à un tournant de son histoire. La nouvelle loi militaire le préoccupe au plus haut degré, et il commence à sentir qu'il a besoin de nombreuses modifications et des efforts de tous pour résister à cette crise menaçante.

Il faut dire aussi que, revenu sous le régime de la liberté, il gagnera en indépendance et en dignité, ce dont se préoccupait avant tout le premier Congrès de 1886.

Dépendant à un moindre degré de la tutelle administrative et du jury d'Etat, il devra surtout s'appuyer sur les Anciens Elèves et sur leurs Associations, qui seront incontestablement ses plus zélés auxiliaires.

Aussi je ne puis mieux faire, en matière de conclusion, que de soumettre à votre approbation un vœu découlant de ceux qui ont déjà été émis, sans succès d'ailleurs, comptant sur les circonstances actuelles pour en assurer l'exécution :

Le Congrès,

Constatant que l'Enseignement Commercial Supérieur a pris en France un développement qui justifie la création d'institutions spéciales, alors surtout qu'il va être soumis à un régime nouveau, émet le vœu :

A. — *Que, dans les futurs Congrès d'Enseignement commercial, une section soit spécialement ouverte à l'Enseignement Commercial supérieur.*

B. — *Que, dans tous les pays et notamment en France, il soit créé dans chacune des Ecoles Supérieures de Commerce un Conseil de perfectionnement, qui comprendra en majorité des Anciens Elèves de ces Ecoles.*

C. — *Que les Anciens Elèves soient appelés à prendre une place importante dans les Conseils Supérieurs du Commerce et de l'Enseignement Technique.*

D. — *Que l'Union des Associations, qui englobe la presque totalité des Anciens Elèves des Ecoles Supérieures de Commerce soit représentée par un au moins des membres de son Comité dans tous les Conseils officiels, Comités d'organisation des Congrès se rapportant à l'Enseignement Commercial et Comités de toutes les Sociétés privées poursuivant un but analogue auxquelles elle a adhéré.*

M. Lefai. — Personne ne voit d'observations à faire au sujet du rapport si bien présenté par notre excellent collègue M. Jeanne-Julien? Nous ne pouvons que le féliciter de son admirable travail. (Assentiment unanime.) Je suis heureux, pour ma part, de le voir réitérer avec autant d'énergie les vœux émis dans les précédents Congrès sur cette intéressante question. Je me demande pourquoi nous n'avons encore jamais pu obtenir satisfaction sur ce point. Nous en revenons ainsi à la question d'hier, qui disait que les Elèves des Ecoles de Commerce ne sont pas assez souvent consultés ou n'ont pas assez d'initiative personnelle. Je vous propose, Messieurs, d'adopter le vœu tel qu'il est formulé par notre camarade, M. Jeanne-Julien.

M. Emmanuel Faure. — Je demande la parole pour répondre aux desiderata que vous venez d'exposer : il y a une décision que le Congrès pourrait prendre, afin de donner une sanction pratique à tous ses vœux ; il faudrait que le Congrès décide que les démarches utiles et nécessaires pour faire aboutir les vœux soient faites dans un délai à déterminer, délai le plus court possible, par l'Union auprès des Pouvoirs publics, et par chacune de nos Associations auprès de leur représentation politique respective. Ce serait la meilleure façon de faire donner une suite à nos revendications. Il ne suffit pas d'exprimer des desiderata, nous nous contentons d'exprimer des vœux et nous restons trois ans sans faire quoi que ce soit. Occupons-nous donc de nos affaires et entretenons-en ceux qui peuvent nous aider, nos représentants auprès du Gouvernement. C'est une résolution que nous devions présenter, mon ami Testenoire et moi. J'espère que mon camarade ne m'en voudra pas d'avoir pris les devants.

M. Testenoire. — Oh ! non.

M. Lefai. — Votre proposition me paraît très juste. Je ne vois pas pourquoi tous les vœux émis dans nos Congrès ne pourraient pas être soumis aux Pouvoirs publics, et, comme vous, j'estime que nous devrions user de tous les moyens dont nous disposons pour intéresser le Gouvernement et tous nos Sénateurs et Députés à notre cause.

M. Emmanuel Faure. — C'est ce que je demande ; je voudrais que, pour la réalisation de tous les vœux émis dans nos Congrès, nous décidions que des démarches soient faites pour faire aboutir ces vœux par l'Union auprès du Pouvoir central, et par les diverses Associations auprès des Sénateurs et Députés de leurs circonscriptions respectives. Nous sommes déjà dix Associations qui pouvons grouper un certain nombre de représentants du peuple, et nous n'avons qu'à agir si nous voulons réellement réussir. Cela dépendra de notre action près de nos représentants politiques.

M. Siegfried. — Nous pourrions émettre un vœu dans lequel le mot « officiellement » figurerait. Nous aurions plus de poids auprès des Pouvoirs publics si nous sommes chargés « officiellement » des démarches.

M. Emmanuel Faure. — L'Union a déjà assez de pouvoir par elle-même.

M. Siegfried. — Il vaudrait mieux décider que l'Union est « officiellement » chargée des démarches à faire près des Pouvoirs publics.

M. Emmanuel Faure. — Cela fait partie d'un ensemble de résolutions que nous pourrions prendre tout à l'heure après l'épuisement des questions portées à l'ordre du jour du Congrès.

M. Lefai. — On pourrait demander à M. Emmanuel Faure de nous préparer un texte.

M. Pagnon. — Le vœu est tout prêt, mais ce n'est pas le moment de le discuter.

M. Emmanuel FAURE. — D'autant plus que nous avons d'autres vœux à présenter après la discussion des questions portées à l'ordre du jour.

M. PATHIER. — En ce moment, il s'agit de voter sur le vœu proposé par M. Jeanne-Julien, comme conclusion de son rapport.

M. LEFAI. — Quelqu'un demande-t-il la parole pour proposer une modification au vœu proposé par M. Jeanne-Julien ?... Personne ne demande la parole ?... Le vœu est adopté à l'unanimité, et je réitère les remerciements du Congrès à l'honorable rapporteur, qui a bien voulu nous consacrer les quelques instants qu'il avait de libres et nous donner ainsi une nouvelle preuve de son entier dévouement à la cause de l'Enseignement Commercial. (Vifs applaudissements.)

QUESTIONS DIVERSES

M. PAGNON. — Est-ce que l'ordre du jour du Congrès est épuisé officiellement ?

M. LEFAI. — Oui, officiellement, mais nous sommes prêts à entendre les communications qui pourraient nous être faites par nos camarades.

M. PAGNON. — Eh bien ! si l'ordre du jour officiel du Congrès est épuisé, je me permettrai de vous retenir quelques instants, pour vous présenter de courtes observations. Je crois que nous tromperions l'attente de toutes nos Associations et de toutes nos Ecoles si, en ne nous plaçant qu'au point de vue exclusivement national (puisque le Congrès international est officiellement terminé), nous ne nous préoccupions pas de la situation qui va être faite à nos Ecoles par la nouvelle loi militaire. Nous sommes, par suite de cette question militaire, à la veille d'une crise qui sera certainement très grave pour toutes nos Ecoles, et qui sera même fatale à certaines d'entre elles. Si nous voulons bien examiner la situation, nous sommes en ce moment dans la position d'une industrie protégée à laquelle on veut retirer sa protection. Pour ma part, je n'y vois pas un bien grand inconvénient, étant un vieux libre-échangiste ; mais je me permettrai cependant de présenter quelques observations et d'exprimer certains vœux.

Il est singulier qu'au Parlement, dans les débats relatifs à cette réforme de la loi militaire, il ne se soit trouvé personne pour soutenir la théorie de l'équivalence des services. Il est évident qu'on peut rendre service à son pays de bien des manières et sans être astreint à porter le sabre ou le fusil. Cette théorie de l'équivalence des services n'a pas été soutenue au Parlement et j'en exprime le regret.

Je regrette aussi qu'il ne se soit trouvé jusqu'ici personne pour dire quel coup grave on allait porter à toute la haute culture intellectuelle de ce pays. Je ne parle pas seulement des Ecoles de Commerce, mais de tous les établissements d'Enseignement supérieur. Et, en me plaçant au point de vue de ce nouveau siècle, je suis surpris, je l'avoue sans fausse honte, qu'on puisse considérer comme un progrès l'augmentation, pour une certaine catégorie de citoyens, du temps à passer à la caserne.

Ces regrets exprimés, je pense qu'il y a un certain nombre de points sur lesquels nous pourrions encore exprimer des vœux. Je ne crois pas que nous puissions en exprimer sur le principe de la loi de deux ans; nous ne sommes pas qualifiés pour cela. Mais si nous ne demandons pas des avantages spéciaux quant à la durée du service militaire, nous désirerions (et nous en parlons souvent dans les Conseils d'Administration et avec les Directeurs de nos Ecoles), nous désirerions voir quelques dispositions favorables à nos Elèves dans l'application de cette loi de deux ans.

Une réunion générale a eu lieu entre les Délégués de l'Union et ceux de toutes les Associations pour discuter cette question, et, dans cette réunion générale, on a présenté des observations sur l'application de la loi à M. Rolland, rapporteur général de la proposition, et aux Ministres compétents.

Ces observations se sont résumées sur trois points principaux, dans lesquels on exprimait les désidérata de toutes nos Associations.

On demandait : 1° que la loi n'ait pas d'effet rétroactif quant aux Elèves ayant déjà obtenu un commencement de droits par le fait de leur admission au concours d'entrée de l'Ecole ; 2° que les Elèves des Ecoles Supérieures de Commerce obtiennent la faculté de devancer l'appel, faculté qui leur avait, d'ailleurs, été accordée dans le premier projet de loi déposé par M. Rolland, et qui a été retirée dans le second projet, ce qui, à mon avis, constitue une faute très grave au point de vue du recrutement de nos Ecoles. Vous comprenez que lorsqu'un jeune homme, sorti de l'Ecole à dix-huit ans, ne pourra pas devancer son service militaire pour en être quitte à vingt ans, il se trouvera dans l'impossibilité d'entreprendre des opérations sérieuses. Prévoyant cet obstacle, les parents ne voudront pas l'envoyer à l'Ecole

Supérieure de Commerce, ne voulant pas le voir à rien faire pendant deux ans. Il y aura ainsi, pour les jeunes gens sortant de nos Ecoles, une espèce d'espace neutre, qui ne pourra pas être utilisé par eux. Il serait donc nécessaire d'obtenir, dans le texte de la loi, le vote d'une disposition disant que les jeunes gens sortis des Ecoles Supérieures de Commerce et ayant les aptitudes physiques nécessaires pourront devancer l'appel. Enfin, le troisième point sur lequel nous appellons l'attention des Autorités compétentes était celui-ci : il s'agissait de savoir s'il ne serait pas possible, dans la répartition du contingent, de faire profiter nos Elèves de leurs connaissances diverses, tant au point de vue des marchandises qu'au point de vue du droit et de la comptabilité, pour leur faire faire les deux années de service ou la majeure partie de ces deux années dans le corps de l'intendance, où ils seraient à même de rendre des services particuliers.

Nous ne devrions pas nous séparer avant d'avoir remis des vœux fermes à ce sujet. Je crois que quelques-uns de nos collègues ont préparé des projets de vœux sur les deux premières questions que je viens de soulever et qui ont été soumises à M. Rolland et aux Ministres compétents. M. Siegfried a eu la bonté de me passer un projet de vœu relatif à la troisième question. J'espère que vous ne voudrez pas vous séparer sans avoir discuté ces questions brûlantes, qui sont du plus haut intérêt pour l'avenir de notre Enseignement Commercial.

M. Pathier. — Je demande la parole.

M. Siegfried. — Je partage complètement l'avis de M. Pagnon, sauf cependant sur un point : M. Pagnon semble regretter que, devant les Chambres, personne n'ait encore pris la parole sur cette question pour défendre les intérêts de nos Ecoles. Or, et M. Pagnon le sait aussi bien que moi, la question n'a été, heureusement, discutée que devant le Sénat, où elle reviendra, d'ailleurs, après avoir été préalablement discutée devant la Chambre des Députés. Si, en première discussion, nous n'avons pas eu de Sénateurs pour nous défendre, j'espère que nous en trouverons lors de la discussion finale; mais, ce que je puis affirmer, c'est que nous aurons certainement des Députés pour le faire. En tous cas, ce qui se présente en ce moment est une leçon dont nous devons savoir profiter. Cela nous prouve que nous devons intéresser à notre œuvre tous nos représentants et qu'il est nécessaire de nous mettre en avant pour donner des arguments aux Députés qui voudraient s'occuper de cette question.

Je suis donc d'accord avec M. Pagnon pour déclarer que nous ne devons pas nous séparer sans avoir émis des vœux très bien rédigés sur la question de la réforme militaire. Vous savez que l'Union s'en est déjà préoccupée et qu'elle a consacré plusieurs de ses discussions à l'examen de ce qu'il convenait de faire en présence de cette nouvelle situation. Je suis heureux de dire que nous avons été appuyés et dirigés dans ces discussions spéciales par mon frère Jules, qui, en sa qualité de Député, pourra, je l'espère, prendre notre défense et nous donner des indications utiles. Mon frère nous a dit que le seul terrain solide sur lequel nous puissions nous placer, c'était celui de l'intérêt du pays, et non pas celui de l'intérêt des Ecoles. Il était tout à fait dans le vrai.

Or, qu'est-ce que l'expérience du passé nous a prouvé?... C'est que nous avons été mal servis dans nos guerres, non pas par nos soldats, qui ont toujours été à la hauteur de leur tâche, mais par les services de l'Intendance et de l'Administration. Eh bien ! ces services acquièrent de plus en plus d'importance, puisque maintenant il faudra masser le plus rapidement possible des millions d'hommes qui, dès le lendemain des hostilités, auront besoin d'être pourvus de tout, qu'il faudra constamment alimenter et pour l'entretien desquels il faudra faire les plus grands efforts. Or, y a-t-il un service de l'armée qui puisse être mieux fait que celui de l'Intendance par nos Anciens Elèves ?... Je ne le pense pas. Ils ont toutes les connaissances voulues pour cela : ils connaissent la comptabilité, pour ce qui regarde l'administration ; ils connaissent le droit, pour ce qui regarde les difficultés contentieuses à trancher ; ils connaissent les marchandises pour pouvoir en apprécier la qualité et le prix ; ils connaissent la géographie, pour savoir où et de quelle manière plus expéditive et plus économique on doit diriger les subsistances. Enfin, je le répète, ils ont toutes les connaissances voulues. Ils connaissent même des langues étrangères, pour leur permettre de se tirer d'affaire dans d'autres pays, si Dieu permet que nous franchissions un jour les frontières actuelles et que ce ne soit pas sur notre sol que se vident les questions internationales qui nous divisent aujourd'hui de peuple à peuple.

Nos Elèves sont outillés pour s'occuper des rapports en langues étrangères avec les autres nations ; nous avons pensé, à l'Union, que c'était de ce côté que nous devions diriger nos efforts. Nous avons, en un mot, sur cette question, rédigé un rapport que nous avons envoyé à tous les Députés et Sénateurs et à toutes les Chambres de Commerce. Je pense que la question ne doit pas être abandonnée ; j'ai même reçu à ce sujet une délibération de la Chambre de Commerce de Marseille, que je dois avoir donné à M. Testenoire ou à M. Pagnon. J'ai rédigé le vœu que voici, et qu'on pourrait peut-être confondre avec ceux de ces Messieurs : « Le Congrès émet le vœu que les diplômés des Ecoles Supérieures de Commerce soient appelés à faire leur deuxième année de service dans l'Intendance, où leurs capacités spéciales sont susceptibles d'être avantageusement utilisées. »

M. Pathier. — Tout à l'heure, notre ami, M. Faure, a émis très justement l'idée que nous clôturions notre Congrès par l'indication que tous nos vœux seront transmis aux Pouvoirs publics par nos représentants. Mais, puisque nous nous occupons de la loi militaire, qui intéresse plus particulièrement notre pays, croyez-vous qu'on ne pourra pas nous faire une objection du fait que le vœu relatif à cette loi a été adopté dans un Congrès international, c'est-à-dire dans une réunion à laquelle prenaient part des personnes que la question ne pouvait pas intéresser?... Il y a, il me semble, deux parties dans ce que nous faisons : la question militaire est une question purement et exclusivement nationale ; aussi, elle ne figurait pas à l'ordre du jour du Congrès. Si nous voulons la trancher aujourd'hui, ne pourrait-on pas dire que c'est hors séance, entre délégués français ?... Nous ne pouvons pas émettre de vœux au sujet de la loi militaire française dans un Congrès International. Il me semble qu'il y a là un point de droit. Il serait préférable de rédiger notre vœu dans la forme suivante : « Les membres du Congrès, réunis hors séance . . . . .

. . . .

M. Siegfried. — Messieurs, dans tous les Congrès Internationaux, on a toujours émis des vœux nationaux. Nous avons des étrangers qui nous ont fait émettre des vœux plus particulièrement applicables à leurs nations respectives ; nous n'avons jamais hésité à donner notre avis sur ces vœux. Il est vrai que, dans les Congrès Internationaux, il faut d'abord voir l'intérêt de tous les pays, il faut généraliser ; mais chaque nation peut demander l'avis des Congressistes pour toutes les questions qui l'intéressent plus particulièrement, et l'on peut alors spécialiser. Sans quoi, on resterait dans des questions tellement générales qu'elles n'intéresseraient personne. Nous pouvons donc émettre des vœux au point de vue militaire pour la France, vœux dont les autres pays pourront se servir plus tard, car, malheureusement, ils ont aussi des charges militaires écrasantes, et ils sont aussi menacés que nous.

Quant à savoir si la question est ou non à l'ordre du jour, et si nous pouvons la traiter, j'estime que nous sommes tellement entre amis que nous pouvons discuter toutes les questions que nous voudrons sans que, pour cela, elles aient figuré à un ordre du jour préalable. C'est pourquoi j'estime que nous devons formuler tous nos vœux sur la question militaire, en tant que Congrès, et que nous retirerions de la force à notre délibération et à nos vœux si nous disions qu'ils ont été adoptés hors séance.

M. Emmanuel FAURE. — Messieurs, si l'importance, si l'acuité même des préoccupations que la question militaire provoque pouvaient être mises en doute, la simultanéité des vœux que nous sommes venus présenter à vos suffrages, sans nous être entendus, suffirait à montrer tout l'intérêt que nos Associations attachent à cette question. J'avais l'intention de vous proposer un vœu au nom de l'Association de Bordeaux seulement, mais à peine en ai-je parlé que je me suis trouvé d'accord avec mes collègues de Lyon. L'un d'eux, notre ami Pagnon, vous a fait en termes excellents l'exposé des motifs des vœux que nous allons vous proposer. Je ne lui en voudrai pas parce qu'il l'a fait en termes beaucoup plus éloquents que je n'eusse pu le faire. Voici donc le vœu que nous vous proposons :

Considérant qu'il importe, dans l'intérêt général du pays, que les diplômés des Ecoles Supérieures de Commerce reconnues par l'Etat aient la faculté de devancer l'appel militaire, afin de pouvoir aborder plus tôt la carrière commerciale pour laquelle ils sont préparés, et ne pas l'interrompre dès le début par deux années de service militaire,

Le Congrès émet le vœu :

« Que la nouvelle loi militaire instituant le service de deux ans accorde la faculté de devancer l'appel aux diplômés des Ecoles Supérieures de Commerce reconnues par l'Etat comme à ceux des autres Ecoles Supérieures. »

Je disais tout à l'heure que M. Pagnon avait fait l'exposé de notre vœu d'une manière remarquable. Je demanderai la permission cependant d'ajouter un complément à ses explications. Vous savez que lorsqu'il s'agit de la revision des tarifs douaniers ou des droits sur les denrées coloniales ou des denrées alimentaires comme les céréales, il y a toujours, dans la loi de revision, un paragraphe qui dit que les chargements en cours de route ou expédiés au moment de la promulgation de la loi jouiront du bénéfice des droits en cours au moment de leur expédition. Les lois douanières n'ont donc pas d'effet rétroactif. Je ne vois pas pourquoi on donnerait un effet rétroactif à une loi qui ne vise qu'une partie intellectuelle de la Nation.

M. SIEGFRIED. — Je crois que, dans le vœu qui vient de nous être présenté, on pourrait avantageusement insérer les raisons principales pour lesquelles on demande la faculté, pour nos Elèves, de devancer l'appel. Il faut que nos vœux soient aussi explicites que possible. Il ne faut pas nous faire d'illusions : les Députés n'ont pas le temps de lire beaucoup, il faut leur mâcher la besogne. Il faudrait indiquer, selon moi, dans notre vœu, que, dans l'intérêt du commerce, il ne faut pas que nos Elèves diplômés soient obligés de commencer par passer quelques années dans le commerce, en sortant de nos Ecoles, pour aller ensuite au service militaire et revenir enfin dans le commerce.

M. TESTENOIRE. — Il vaudrait mieux mettre un considérant aussi court que possible ; par exemple : « Dans l'intérêt du pays. »

M. SIEGFRIED. — Il faudrait indiquer la raison.

M. LEFAI. — C'est pourquoi je demanderai au Congrès d'émettre le vœu que, « officiellement », l'Union fasse des démarches auprès des Pouvoirs publics pour qu'on ne traite pas cette question militaire avant de nous avoir prévenus.

M. TESTENOIRE. — Nous ne le pouvons pas.

M. LEFAI. — Vous pourriez élaborer bien plus facilement le texte des vœux à soumettre à la Chambre et au Sénat.

M. TESTENOIRE. — Il faut que cela résulte des délibérations du Congrès.

M. SIEGFRIED. — Ah ! oui.

M. Emmanuel FAURE. — Nous avons des vœux à vous présenter dès maintenant.

M. Lefai. — Je ne mets pas d'opposition à la rédaction de ces vœux, mais il me semblait qu'il n'y avait pas accord complet sur leur texte, et que vous n'étiez pas suffisamment prêts à nous présenter des décisions fermes.

M. Emmanuel Faure. — Nos vœux étaient préparés.

M. Siegfried. — Je n'ai fait qu'une simple observation, mais je n'insiste pas.

M. Pagnon. — Il est un point sur lequel je désire qu'il n'y ait pas de doutes, et ceci, c'est pour calmer les inquiétudes de M. Pathier. Certainement, les Congrès internationaux ont le droit d'émettre des vœux au sujet de la loi militaire, de son application et de ses conséquences. Le motif en est bien simple : est-ce que notre Commerce n'est pas international?... Il n'est donc pas indifférent de savoir comment on pourra en assurer la marche régulière. Et puis, malheusement, ne vivons-nous pas tous sous le régime de la Paix armée, et ne devons-nous pas être sensibles aux progrès réalisés sur ce terrain dans quelque pays que ces progrès se manifestent. Cela intéresse tout autant nos collègues de Hongrie que nous-mêmes, parce qu'il est intéressant pour eux de savoir que leurs jeunes collègues français seront dans de meilleures conditions pour pouvoir traiter avec eux. Tout s'enchaîne.

M. Jeanne-Julien. — Je tiens à déclarer qu'il y a d'autant moins de doutes dans mon esprit, sur ce point, que j'ai la certitude qu'au Congrès de Bordeaux, en 1886, on s'était déjà préoccupé de la question militaire et qu'on y avait émis un vœu dans ce sens.

Le Congrès d'après, en 1889, l'année même du vote de la loi militaire, s'occupa à nouveau de la question, si j'en crois la résolution par laquelle le Congrès a remercié les Pouvoirs publics pour le service qu'ils venaient de rendre à l'Enseignement Commercial en votant l'article 23 de la nouvelle loi militaire.

Par conséquent, dans des Congrès internationaux, il a été question du service militaire, et je pense qu'on peut agiter cette question aujourd'hui.

M. Pathier. — J'ai le regret de n'être pas d'accord à ce sujet avec M. Pagnon et même avec M. Siegfried. Les Congrès internationaux sont très utiles pour l'étude et la solution de toutes les questions concernant nos rapports commerciaux internationaux et se rapportant aux intérêts de nos Associations et de nos Ecoles ; mais vous n'avez jamais vu un Congrès international « international proprement dit », un Congrès composé réellement « d'internationaux » s'occuper de la loi militaire française. C'est une question toute française, une question purement nationale et que nous autres, Français, nous pouvons seuls traiter utilement. (Mouvements divers.) Cela ne regarde que nous et ne peut être traité que par nous. (Protestations.) Figurons-nous que notre Congrès, au lieu de ne comprendre, malheureusement, qu'un tout petit nombre d'étrangers, soit composé en majorité d'Allemands, pensez-vous que nous pourrions raisonnablement proposer au Ministre de la Guerre français un vœu émis par la majorité d'une Assemblée ainsi constituée. Les questions militaires ne peuvent être traitées que nationalement, et il me semble que nous affaiblirions la portée de notre vœu en disant que ce vœu a été émis dans un Congrès international. (Protestations.) Je le dis comme je le pense, parce que, à mon avis, le service militaire est particulier à chaque pays, et en ce qui concerne la loi militaire française, elle est faite pour la sauvegarde de notre indépendance nationale, et cela ne regarde pas les autres nations. (Nouvelles protestations.)

Messieurs, je persiste dans mon idée, et je la défends jusqu'au bout. S'il n'y en a qu'un ici, je suis forcé d'être celui-là. (Rires prolongés.)

M. Lefai. — Je ferai remarquer à M. Pathier que nous n'émettons que des vœux. Mais la question qui nous est soumise est tellement importante qu'il n'est pas étonnant qu'elle puisse intéresser tout le monde et qu'elle figure dans les procès-verbaux de notre Congrès international.

M. Pathier. — Oh ! Monsieur le Président, je vois fort bien que je suis tout seul. (Rires.) Aussi, je ne me permettrai pas d'insister. J'ai dit tout ce que je pensais devoir dire sur la question.

M. Girod. — Ce que je vais dire n'a absolument rien d'officiel, bien que dans vos travaux je représente toujours le Ministre du Commerce. C'est, si vous voulez bien me le permettre, en mon nom personnel que je vais parler. Je suis un peu de l'avis de M. Pathier. Si vous transmettez au Ministre de la Guerre français un vœu adopté par tous les membres de ce Congrès international, en voyant ce mot

« international », le Ministre vous demandera tout d'abord : « Y avait-il beaucoup d'étrangers ?... » Il n'y en a pas beaucoup, c'est vrai, et je suis le premier à le regretter. (Applaudissements); mais s'il y en avait beaucoup, votre vœu n'aurait aucune force. Et le Ministre qui n'a pas assisté à vos délibérations, sera bien obligé de penser qu'il y avait au moins des étrangers, puisqu'il s'agit d'un Congrès international. (Rires.) Il est bien entendu que c'est mon opinion personnelle que je vous donne; j'ai dépouillé toute mission officielle pour faire cette déclaration.

M. Vigouroux. — J'approuve entièrement la façon de voir de MM. Pathier et Girod.

M. Emmanuel Faure. — Si le Congrès veut bien nous le permettre, nous allons donner lecture de nos vœux, qui sont rédigés sous une forme qui permettrait à tous de les adopter.

M. Siegfried. — Il y a moyen de donner satisfaction à tout le monde : c'est que le Congrès, sans émettre de vœux sur cette question, charge l'Union de s'en occuper, sous une forme comme celle-ci, par exemple :

« Le Congrès ne veut pas se séparer sans avoir abordé la question si importante de la nouvelle loi militaire. Une discussion s'engage, à la suite de laquelle l'Union est chargée de reprendre à nouveau la question et de faire de nouvelles démarches auprès des Pouvoirs publics, après avoir étudié la question au fond ».

Et alors l'Union s'en chargerait, sans qu'il y ait eu de vœux émis. Il y aurait une nouvelle campagne menée, dans laquelle on s'inspirerait des projets de vœux déposés aujourd'hui. Ce ne serait donc pas le Congrès international qui aurait émis les vœux, mais ce seraient vos discussions et vos délibérations qui guideraient l'Union dans la marche à suivre.

M. Testenoire. — Il y aurait peut-être encore autre chose à faire : chaque Association pourrait, plus tard, émettre ces vœux et les transmettre à l'Union en chargeant l'Union de faire toutes les démarches nécessaires pour les faire aboutir.

M. Lefai. — C'est ce que je voulais proposer tout à l'heure.

M. Emmanuel Faure. — Nous pouvons présenter ces vœux ici

à titre officieux, pour nous mettre ensuite d'accord dans chaque Association. Rentrés chacun chez nous, nous prendrions l'avis définitif de nos collègues et nous transmettrions le résultat de nos délibérations à l'Union.

M. LEFAI. — C'est ce que je désirais proposer.

M. Emmanuel FAURE. — Au lieu de vœux aux Pouvoirs publics, ce seraient des vœux destinés à l'Union et à toutes nos Associations.

M. CRESPEL. — Ce serait un renvoi à chaque Association.

M. SIEGFRIED.— Comme cela, nous pourrions, à l'Union, faire des démarches au nom des Associations.

MM. Emmanuel FAURE et LEFAI. — Parfaitement.

M. PAGNON. — Il y a un avis auquel je tiens beaucoup : je voudrais savoir si M. Pathier qui, par la façon dont il a présenté la question, a soulevé certains scrupules dans l'esprit de plusieurs membres du Congrès (dont je suis), si M. Pathier se rallie à cette proposition.

M. PATHIER. — Oui, je m'y rallie.

M. PAGNON. — C'est très bien ; alors nous pouvons voter ces vœux à titre officieux.

M. CRESPEL. — C'est-à-dire à titre de renvoi à l'Union et à toutes nos Associations.

M. PAGNON. — Bien entendu.

M. Emmanuel Faure donne une nouvelle lecture des vœux soumis à l'agrément du Congrès.

M. LE MERCIER. — Je voudrais qu'il soit aussi parlé des élèves sortis de nos Ecoles, qui, pour raisons de santé, bien qu'ayant leurs diplômes, ne sont pas admis à contracter l'engagement militaire et ajournés.

M. Emmanuel FAURE.— Le vœu dit qu'ils sont présents à l'Ecole.

M. LE MERCIER. — Mais ils ne sont plus à l'Ecole.

M. Emmanuel FAURE. — C'est précisément indiqué implicitement dans le vœu. On ne peut faire son service militaire que lorsqu'on a les aptitudes physiques nécessaires.

M. LEFAI. — Il faudrait peut-être dire que le Congrès décide que l'Union et les Associations étudieront la question.

M. SIEGFRIED. — C'est entendu.

M. Testenoire donne lecture d'un second vœu.

M. PATHIER. — Mais cela me donne satisfaction.

M. Emmanuel FAURE. — Il faudrait peut-être modifier le texte du vœu.

M. SIEGFRIED. — Il faudrait mettre « émettre le vœu que chaque Association étudie la question ».

M. LEFAI. — Le Congrès émet le vœu que chaque Association étudie la question soulevée aujourd'hui, et charge l'Union de transmettre officiellement ces vœux aux Pouvoirs publics.

M. CRESPEL. — Il vaudrait mieux mettre « le Congrès invite ».

M. Emmanuel FAURE. — Oui, voilà le mot exact.

M. SIEGFRIED. — Je demande que mon vœu soit également examiné.

M. TESTENOIRE. — (M. Testenoire donne une nouvelle lecture de chacun des vœux.)

M. LEFAI. — Ces vœux-là peuvent être examinés par chaque Association, mais chaque Association pourra leur donner la forme qui lui conviendra.

M. Emmanuel FAURE. — Il serait préférable que ces vœux émanent du Congrès pour être ensuite soumis aux Associations.

M. LEFAI. — Alors, décidons que « le Congrès invite les Associations à étudier ces vœux ».

M. Emmanuel FAURE. — Il faudrait prier l'Union de faire des

démarches près des Pouvoirs publics pour obtenir la réalisation de ces vœux. Il est bien entendu que cela n'empêchera pas les Associations de faire des démarches particulières auprès des autorités locales.

M. SAULT. — On a parlé de charger l'Union de faire des démarches auprès des Pouvoirs publics, et les Associations d'agir auprès de leurs représentants, pour la question militaire. Mais il y a eu d'autres vœux émis au Congrès que ceux concernant la question militaire. Pour qu'ils ne restent pas sans suite, il serait bon de décider que l'Union d'une part, et les Associations, de l'autre, devront faire au plus tôt toutes les diligences nécessaires. Il serait bon de le dire d'une façon expresse.

M. SIEGFRIED. — Mais cela ressort du vœu de M. Testenoire.

M. PAGNON. — Il ne faut pas oublier qu'il s'agit de vœux ayant un caractère international. Il ne serait donc pas convenable de charger l'Union française seulement d'assurer leur mise à exécution. Il serait bon de dire que nous en chargeons : l'Union, pour la France; et pour les autres pays, les différentes Associations représentées ici.

M. LEFAI. — Oui, cela vaudrait mieux.

M. VIGOUROUX. — Le vœu de M. Testenoire disait bien cela.

M. TESTENOIRE. — On pourrait adopter cela en principe, puisque ce sera renvoyé aux Associations.

Le Congrès décide de faire suivre le vote du vœu de M. Siegfried et de celui de MM. Faure et Testenoire de la résolution suivante :

« Le Congrès invite chaque Association à faire auprès de sa représentation parlementaire les démarches nécessaires pour la réalisation de ces deux vœux, ainsi qu'à en saisir l'Union des Associations qui en poursuivra l'exécution auprès des Pouvoirs publics ».

M. LEFAI. — Toutes les questions portées à l'ordre du jour ont été discutées, quelqu'un demande-t-il encore la parole?

Personne ne demandant la parole, nous allons déclarer clos les débats du deuxième Congrès International.

Messieurs, avant de clore nos travaux, permettez-moi de vous remercier, au nom du Conseil d'Administration de notre Association et du Comité d'organisation du Congrès, du précieux concours que vous nous avez apporté par votre active collaboration à tous nos travaux et par l'ardeur que vous avez mise à discuter toutes les questions inscrites au programme de nos séances. Permettez-moi aussi de rendre justice à tous mes collaborateurs ; ils m'ont si bien secondé que tout le mérite du succès de nos réunions leur revient.

Je vous remercie bien sincèrement d'avoir répondu à notre appel en si grand nombre, et je vous assure que nous garderons le meilleur souvenir des trop courts instants passés avec vous. Nous espérons vous avoir, de notre côté, donné toute satisfaction, et nous aimons à croire que vous emporterez un bon souvenir, non seulement de notre belle ville de Rouen, mais aussi des travaux accomplis par ce Congrès. (Longs applaudissements.)

M. Girod. — Messieurs, je ne veux pas que nous nous séparions sans que je profite de l'occasion qui m'est offerte de vous faire part de mes impressions personnelles. Dans ma pensée, lorsque M. le Ministre a bien voulu me désigner pour le représenter au milieu de vous, je devais simplement venir à votre séance d'inauguration et vous saluer au nom du Gouvernement. Mais vous vous y êtes si bien pris, que, dès le premier jour, je me suis senti retenu par une force attractive considérable, j'étais « pris dans l'engrenage ». (Rires.) Oui, la forme que vous avez donnée, dès le début, à vos discussions m'a particulièrement intéressée, et j'ai suivi tous vos travaux, ce que je suis loin de regretter.

Dès le premier jour, j'ai entendu de forts beaux discours d'affaires prononcés par des hommes de premier ordre, comme MM. Pagnon et Pathier, pour ne citer que ceux-là, et en demandant pardon aux autres orateurs de ne pas les nommer, et j'ai été captivé. Mais je dois formuler un regret : il est malheureux qu'un plus grand nombre de commerçants et d'industriels de cette ville, qui en compte tant n'aient pas cru devoir assister à vos délibérations. C'est d'autant plus regrettable que nos commerçants et nos industriels auraient appris à connaître nos Ecoles de Commerce et auraient pu comprendre la nécessité de conserver ces établissements d'Enseignement Commercial.

Pour moi, tout est là : faire comprendre aux commerçants que le commerce est une science qui procède d'idées générales qu'on ne peut puiser que dans nos Ecoles de Commerce. Il y a, à mon avis, entre un commerçant sorti des Ecoles de Commerce et celui qui n'a pas eu l'honneur ou la faveur de profiter de cet Enseignement Commercial, la même différence qu'entre un homme instruit et un ignorant. Un ignorant rempli de bonne volonté peut remplir commercialement, d'une façon plus ou moins convenable, la mission restreinte dont on l'a chargé, tandis qu'un Elève d'Ecole de Commerce peut aspirer aux plus hautes destinées commerciales. (Applaudissements.)

Je veux vous donner encore mon avis au sujet du danger que fait courir la loi militaire à nos établissements d'Enseignement Commercial. Je crois que ce danger n'existe pas réellement, car il n'est pas bien prouvé que le privilège ait été, pour nos Ecoles, une chose vraiment heureuse. Ce privilège a certainement amené à nos Ecoles, un plus grand nombre d'élèves, mais le public s'est habitué à croire (et c'est une erreur dans bien des cas) qu'on ne va à l'Ecole de Commerce que pour s'exempter de deux ans de service militaire ; de sorte que les Ecoles en ont souffert considérablement.

Cependant, il n'est niable qu'il y a un certain nombre d'élèves qui viennent à l'Ecole pour bien apprendre le Commerce et qui se servent plus tard des connaissances acquises à l'Ecole. J'en connais beaucoup, et il y en a plusieurs dans cette enceinte. Je puis même ajouter (ce que vous savez déjà, mais ce qui démontre l'erreur de l'opinion publique) que les statistiques prouvent que la grande majorité des élèves des Ecoles de Commerce entrent réellement dans les affaires. Je pense qu'en réformant les programmes des Ecoles, en les diversifiant, en les rendant applicables aux besoins des diverses régions, on relèvera leur prestige, et on les fera rechercher par les commerçants. (Très bien !... Applaudissements.)

L'idée qui a présidé à la création des Ecoles Supérieures de Commerce est une idée juste. Et nous le savons tous, une idée juste, dans notre beau pays de France, qui est un pays de clarté et de bon sens, une idée juste ne peut pas mourir. (Longs applaudissements.)

Ne redoutez donc pas les effets de la réforme ; essayez de faire aboutir les vœux émis dans ce Congrès, et permettez-moi de terminer par un mot, d'un optimisme que je ne crois pas exagéré : « Confiance !... » (Applaudissements prolongés.)

M. Lefai. — Je déclare clos les débats du deuxième Congrès International des Associations des Anciens Elèves des Ecoles Supérieures de Commerce de France et de l'Etranger.

La séance est levée à dix heures vingt minutes.

VŒUX ÉMIS ET ADOPTÉS
AU DEUXIÈME CONGRÈS INTERNATIONAL
DES ASSOCIATIONS DES ANCIENS ÉLÈVES DES ÉCOLES
SUPÉRIEURES DE COMMERCE DE FRANCE
ET DE L'ÉTRANGER

PREMIÈRE QUESTION

ORGANISATION DU PLACEMENT DES ÉLÈVES

Rapport présenté par M. A. PATHIER, président de la Commission des Places, à l'Union des Associations des Ecoles Supérieures de Commerce.

Vœu présenté par MM. Pagnon, Testenoire et Renouard.

Le Congrès émet le vœu que, dans l'enseignement donné dans nos Ecoles Supérieures de Commerce, on tienne mieux compte des conditions que doivent remplir les élèves pour que leur placement soit plus facile.

Parmi les réformes à apporter dans cet enseignement, le Congrès préconise notamment la pratique de l'élocution et de la discussion en public, les voyages de vacances à l'étranger, en vue de la pratique courante des langues vivantes, etc., tout en laissant à la direction de chaque Ecole le soin d'adapter les programmes aux nécessités commerciales locales.

DEUXIÈME QUESTION

ROLE DES ASSOCIATIONS AU POINT DE VUE DE L'ÉTUDE DES QUESTIONS GÉNÉRALES DU COMMERCE.

Rapport présenté au Congrès par M. W. CLAMAGERAN, de l'Association des Anciens Elèves de l'Ecole Supérieure de Commerce de Rouen.

Vœu présenté par MM. Clamageran, Pagnon et Pathier.

Le Congrès émet le vœu :

1° *Que les Associations d'Anciens Elèves des Ecoles Supérieures de Commerce continuent à encourager parmi leurs membres l'étude des questions générales concernant le commerce par tous les moyens et sous toutes les formes possibles, que dans ceux de ces travaux qui seront publiés tant par les Associations que par les Chambres de Commerce, les Sociétés Savantes et les journaux, le nom de l'auteur soit suivi de la mention E. S. C.*

2° *Que toutes les fois que les collectivités représentant les intérêts généraux du Commerce sont consultés, les Associations soient appelées à être entendues.*

QUATRIÈME QUESTION

PARTICIPATION DES ASSOCIATIONS AUX CONGRÈS D'ENSEIGNEMENT COMMERCIAL ET AUX CONSEILS OFFICIELS DE L'ENSEIGNEMENT TECHNIQUE.

Rapport présenté par M. Georges JEANNE-JULIEN (H. E. C. 1884), Trésorier honoraire de l'Union.

Vœu présenté par M. Jeanne-Julien.

Le Congrès émet le vœu :

A. — *Que, dans les futurs Congrès d'Enseignement Commercial, une section soit spécialement ouverte à l'Enseignement Commercial supérieur.*

B. — *Que, dans tous les pays et notamment en France, il soit créé dans chacune des Ecoles Supérieures de Commerce un Conseil de perfectionnement, qui comprendra en majorité des Anciens Elèves de ces Ecoles.*

C. — *Que les Anciens Elèves soient appelés à prendre une place importante dans les Conseils Supérieurs du Commerce et de l'Enseignement Technique.*

D. — *Que l'Union des Associations, qui englobe la presque totalité des Anciens Elèves des Ecoles Supérieures de Commerce soit représentée par un au moins des membres de son Comité dans tous les Conseils officiels, Comités d'organisation des Congrès se rapportant à l'Enseignement Commercial et Comités de toutes les Sociétés privées poursuivant un but analogue auxquelles elle a adhéré.*

CINQUIÈME QUESTION

DES RAPPORTS ENTRE LES MEMBRES DES DIVERSES ASSOCIATIONS RÉSIDANT DANS UNE MÊME LOCALITÉ. RÉUNIONS, REMISES, GROUPES LOCAUX, RÉGIONAUX ET INTERNATIONAUX.

Rapport présenté au Congrès par M. Edmond HENRY, président de l'Association de l'I. C. P., délégué au Comité de l'Union des Associations.

LE SERVICE DES REMISES A L'ASSOCIATION DE ROUEN. DE LA NÉCESSITÉ D'UNE ENTENTE ENTRE LES ASSOCIATIONS. DE L'ORGANISATION DES GROUPES.

Rapport présenté par M. G. LE MERCIER, secrétaire de l'Association de Rouen, professeur à l'École Supérieure de Commerce de Rouen.

Vœu présenté par les Présidents et Délégués des Associations.

Le Congrès émet le vœu :

1° Que les Associations ouvrent réciproquement leurs portes à tous les anciens élèves des autres Associations résidant dans leurs villes ou régions et cela sans cotisation spéciale, mais aux deux conditions suivantes :

Etre inscrit et payer sa cotisation à l'Association de l'Ecole dont on fait partie.

Demander par écrit son inscription à l'Association de la localité où on habite.

2° Que les Associations s'entendent pour établir une carte de sociétaire ayant un caractère uniforme, dont le modèle sera préparé par l'Union.

3° Qu'il soit laissé toute latitude aux groupes situés hors des villes où il y a des Associations, afin que ces groupes agissent suivant les nécessités locales.

Enfin le Congrès émet le vœu que conformément au désir exprimé à deux reprises différentes aux Congrès de 1900 et 1903, des rapports plus intimes et un échange suivi de correspondance, soient établis entre les Associations de France et de l'Etranger.

VISITE A L'ÉCOLE SUPÉRIEURE DE COMMERCE

VISITES INDUSTRIELLES

RÉCEPTION DE LA MUNICIPALITÉ

BANQUET

VISITE DE L'ÉCOLE SUPÉRIEURE DE COMMERCE

Les Congressistes ont visité l'Ecole Supérieure de Commerce de Rouen dans l'après-midi du vendredi 17 juillet, à deux heures. Reçus par le directeur, M. Boulnois, entouré de nombreux Anciens Elèves, ils sont passés successivement dans les différentes salles de cours et d'études, particulièrement intéressés par les collections de la salle de marchandises et les aménagements du laboratoire où sont donnés les cours de chimie, et d'essais et analyses.

Les membres du Congrès ont vivement félicité le directeur pour l'heureuse et pratique disposition des locaux de son Ecole.

VISITES AUX ÉTABLISSEMENTS INDUSTRIELS

En quittant l'Ecole Supérieure de Commerce, les Congressistes sont allés visiter les différents établissements industriels dont les aimables directeurs-propriétaires avaient gracieusement accepté d'ouvrir les portes pour la circonstance.

Nous donnons ci-après quelques détails sur chacun des établissements visités, que les membres du Congrès liront avec intérêt, en se rappelant la cordialité de l'accueil qui leur fut fait par MM. de Moor, Besselièvre et Delaporte, et l'amabilité de la réception organisée par ceux-ci en leur honneur.

SOCIÉTE COTONNIÈRE DE SAINT-ÉTIENNE-DU-ROUVRAY

La Société Cotonnière, dont les établissements industriels et dépendances sont situés dans la commune de Saint-Etienne-du-Rouvray (à huit kilomètres de Rouen), fut fondée au printemps de l'année 1865.

La Société Cotonnière, en pleine activité, avait alors à ses débuts, environ soixante-dix mille broches de filature réparties en deux établissements, et cinq cents métiers à tisser, un atelier de réparations, une cité ouvrière etc., etc.; tous ces bâtiments édifiés sur un terrain de près de vingt-quatre hectares de superficie.

Après différentes périodes critiques, telles que celles qui furent marquées par la guerre de 1870 et par deux incendies très violents en 1872 et 1889, la Société Cotonnière ne prit son essor que sous la gestion actuelle de M. Georges de Moor, chevalier de la Légion d'honneur, chevalier de l'Ordre de Léopold, en fonctions depuis le 31 octobre 1888.

La Société Cotonnière exploite actuellement :

Cent neuf mille six cent quatre-vingt-seize broches de filature fils simples; cinq mille deux cent dix-huit broches à retordre réparties en trois filatures qui comprennent en outre les machines de battage, de préparation, carderie, bancs à broches, etc., propres à chacune de ces unités.

Mille trois cent dix métiers à tisser, répartis en deux tissages, dont l'un de neuf cent quatre-vingt-quatorze métiers, l'autre de trois cent seize, plus chacun leur encollage, ourdissage, rentrage, etc.

Une dévideric et un atelier de paquetage; enfin, un atelier de réparations avec machines-outils, scierie mécanique, modelage, etc.

Comme bâtiments accessoires, de vastes magasins, tant pour les matières premières, les approvisionnements de toutes sortes, que pour les marchandises fabriquées ; des magasins aux déchets, réfectoires, pompes à incendie; service médical pour le médecin attaché à l'établissement et sage-femme pour les accouchements; remises, écuries ; enfin, maisons de directeurs et de concierges, le tout entouré de murs et de grilles d'enceinte.

Enfin, une cité ouvrière pouvant loger une population familiale de plus de six cent cinquante habitants.

Le matériel industriel, le plus vaste et le plus important de la région normande, est actionné par diverses machines développant quatre mille chevaux-vapeur.

Les ateliers sont chauffés à la vapeur et éclairés à l'électricité, par des lampes à arc et à incandescence.

Les établissements bornés, d'une part, par le chemin de fer de l'Ouest, sont desservis, depuis 1877, par un embranchement particulier qui relie tous les services avec la ligne de Paris au Havre, et, d'autre part, par la Seine, où aboutit un chemin de fer Decauville à voie hybride pour le déchargement des charbons.

Le personnel ouvrier est actuellement de mille huit cent cinquante ouvriers (hommes, femmes et enfants), dont les salaires se sont élevés, notamment l'année dernière, à un million neuf cent neuf mille trois cent quarante-huit francs cinquante-cinq centimes.

La production de cette même année a été de quatre millions quatre cent quatre-vingt mille huit cent vingt-deux kilos de filés et cent cinquante-sept mille deux cent soixante-seize pièces de tissus mesurant dix-huit millions sept cent soixante-douze mille six cent quarante-sept mètres.

En 1888, cette production avait été de deux millions six cent dix-neuf mille cent quarante-trois kilos de filés et soixante-six mille quatre cent soixante-quatre pièces de tissus.

Les filés produits vont du numéro cinq au numéro quarante, suivant qualité.

Les tissus se composent de cretonne, longottes, calicots écrus, guinées, tant pour la consommation de la métropole que pour l'exportation, puis les tissus de couleur : tennis, zéphyrs, sergés, mouchoirs, etc.

ÉTABLISSEMENTS BESSELIÈVRE FILS
MANUFACTURE D'INDIENNES
MAROMME

La Maison Besselièvre fut fondée en 1823 par M. Jean Besselièvre, continuée par son fils Charles jusqu'à sa mort, survenue en 1891. Le chef actuel est M. Louis Besselièvre, fils du précédent.

Cette usine emploie quatre cents ouvriers et quarante employés ; on y fabrique et on y imprime des velours pour l'ameublement, de la flanelle de coton pour robes d'hiver ; on y fait l'impression sur tous les tissus et en tous genres, pour robes d'été, sur tissus unis et fantaisie, pour chemises, pour usages variés, mais on y imprime surtout des cotonnades.

C'est avec un vif intérêt que les membres du Congrès ont suivi la genèse si complexe de l'indienne. Les pièces de tissu écru sont d'abord roussies par un passage assez lent sur de petites rampes à gaz qui flambent les poils de coton ; elles circulent ensuite dans des cuves remplies de vapeur d'eau, pour éteindre les flammèches qui pourraient se produire ; on les soumet au blanchiment ordinaire au chlore et à la soude, avec lavages répétés, puis on les sèche.

L'étoffe doit maintenant être préparée pour l'impression, par teinture ou par mordançage ; dans ce dernier cas, en imprimant au moyen d'une couleur spéciale, on détruit le mordant à la place voulue et on teint, si bien que la teinture ne prend plus à la place démordancée. La pièce est prête pour l'impression proprement dite.

Il s'agit maintenant de préparer le dessin qu'elle supportera et de le traduire par l'impression.

Divers dessinateurs soumettent des dessins sur papier à la maison, qui choisit ceux qui lui conviennent, les achète et les dépose au Greffe du Tribunal de Commerce ; ils deviennent son entière propriété. Chaque année, M. Besselièvre dépose de la sorte trois cents dessins.

Le chimiste est alors chargé de préparer les diverses couleurs et les planches séparées, dont l'ensemble reconstituera le dessin complet à l'impression.

Les divers motifs de même couleur sont passés sur un rouleau de cuivre, dont la circonférence varie de quarante centimètres à un mètre cinquante ; cette gravure se fait au burin pour les étoffes d'ameublement, à la molette pour les indiennes courantes ; un magasin « ad hoc » renferme trois mille rouleaux toujours prêts pour l'impression.

Une fois le rouleau gravé, on le monte sur un mandrin, tige en acier munie à ses extrémités de deux tourillons qui roulent dans les coussinets de la presse.

Ces dernières machines sont au nombre de douze ; elles sont à une, trois, quatre, huit et même seize couleurs. Il y a, naturellement, autant de rouleaux pour un dessin qu'il y a de couleurs.

La machine à imprimer prend l'étoffe préparée comme il a été dit et la rend imprimée avec les seize tons, sans un accroc, sans une bavure. La couleur est fournie aux rouleaux par des bassines qui reçoivent les différentes couleurs ; une lame frotte sur chaque rouleau afin de ne laisser de couleur que dans les parties gravées.

L'étoffe est suivie, tout le long de son passage sous les rouleaux, par un drap sans fin, destiné à procurer un foulage plus doux.

Afin d'éviter que les lès ne se maculent réciproquement, on procède immédiatement au séchage en faisant circuler la pièce entre des plaques de tôle chauffées à la vapeur.

L'étoffe, étant imprimée et séchée, est soumise au vaporisage, destiné à donner aux couleurs leur ton définitif et leur fixité ; cette opération se pratique dans un vaste corps de bâtiment haut de trois étages ; un dispositif spécial permet de faire serpenter mécaniquement l'étoffe dans cette vaste cuve.

Il faut ensuite savonner et rincer mécaniquement l'étoffe gommée par l'effet des produits employés pour épaissir les couleurs ; de là, on l'envoie au séchoir, où elle circule entre des tambours de métal remplis de vapeur d'eau à cent degrés.

Les pièces sont forcément assez fripées par toutes ces manipulations successives ; l'apprêt est destiné à leur donner le lustre nécessaire. Une machine, dite « Foulard », dépose l'apprêt sur le tissu, après quoi il est de nouveau séché, puis on l'écrase entre des cylindres chauffés, pour lui enlever toute raideur.

L'étoffe passe enfin à l'atelier de vérification, où elle se déroule mécaniquement devant l'ouvrier, qui examine s'il n'y a pas de défauts, soit dans l'étoffe, soit dans l'impression.

On voit la somme incroyable de travail que représente un morceau d'indienne ; disons, pour finir, que la production annuelle de la maison Besselièvre est de cent mille pièces de cent mètres.

ETABLISSEMENTS CH. DELAPORTE ET FILS
FILATURE DE COTON
MAROMME

M. Charles Delaporte, ingénieur des Arts et Manufactures, exploite actuellement une filature de coton de douze mille broches, dite filature Pélissier. Il a, en outre, depuis le 1er janvier 1902, fondé avec ses deux fils, André et Frédéric, une Société privée pour l'exploitation d'une seconde filature, dite filature Sainte-Hélène, voisine de la première, et dont l'importance est de dix-huit mille broches. Cette dernière n'est achevée que depuis la fin de l'année 1902.

Ces deux usines sont en rez-de-chaussée et forment chacune un tout bien distinct ; chacune comprend, en effet, ses générateurs, sa machine à vapeur, sa salle de mélange, ses batteurs, ses cardes, ses étirages, ses bancs à broches, ses métiers à filer, sa déviderie, son paquetage, sa dynamo et ses magasins pour les approvisionnements de toutes sortes.

Les ateliers sont chauffés à la vapeur et éclairés à l'électricité.

Les deux filatures sont situées au bord de la rivière de Clères et Cailly, à laquelle elles empruntent l'eau nécessaire à la condensation et à l'alimentation des chaudières ; pour ce dernier usage, un épurateur unique sert pour les deux usines.

Les chaudières sont du type Galloway, avec cent quinze mètres de surface de chauffe ; la force déployée est de sept cent cinquante chevaux-vapeur ; la filature Pélissier utilise, en outre, une chute d'eau de vingt-cinq chevaux.

L'importance totale est de trente mille broches, dont dix-neuf mille de renvideurs et onze mille de continus.

Le coton employé est exclusivement du coton d'Amérique. Les numéros produits par la filature Pélissier vont de douze à vingt ; ceux produits par la filature Sainte-Hélène vont de vingt à trente-deux. La production annuelle dépasse un million cent mille kilogrammes de filés.

M. Delaporte et ses deux fils emploient deux cent quarante-cinq ouvriers (hommes, femmes, enfants), trois contre-maîtres et un directeur unique.

RÉCEPTION A L'HOTEL-DE-VILLE

Les membres du Congrès ont été reçus à l'Hôtel-de-Ville, par M. le Maire de Rouen, le soir du vendredi 17 juillet.

A cette réception, très brillante, assistaient un grand nombre de notabilités et de fonctionnaires.

M. le Maire de Rouen, qui avait à ses côtés MM. Lefai, président de l'Association de Rouen, ses Adjoints et d'autres Membres du Conseil municipal, recevait les invités dans la salle des Commissions, qui se répandaient ensuite dans la grande salle des séances du Conseil, transformée pour la circonstance. Un buffet avait été dressé, et des coupes de champagne furent vidées en l'honneur des Membres du Congrès, qui exprimèrent au Maire de Rouen et aux Membres de l'Administration municipale toute la satisfaction qu'ils éprouvaient du gracieux accueil qui leur était fait. La Musique Municipale prêtait son concours à cette fête, où elle fit entendre plusieurs morceaux de choix.

VISITE DU PORT DE ROUEN

EXCURSION A JUMIÈGES

Le samedi 18 juillet, les Congressistes ont fait l'excursion à Jumièges prévue dans la programme. Jumièges est une localité située sur la Seine à cinquante-trois kilomètres en aval de Rouen, célèbre par la beauté de son site et les ruines de son abbaye du XIIe siècle.

Cette excursion faite sur un petit vapeur spécialement frété pour la circonstance, a permis aux Congressistes de connaître les rives de la Seine, et de se rendre compte, par la traversée de notre port, de la disposition et des aménagemedts de ce dernier.

Le principal avantage du port de Rouen réside dans la situation privilégiée qu'il occupe sur la Seine, au point de soudure de la navigation maritime et de la navigation fluviale, à cent vingt-cinq kilomètres de la mer et à une distance de Paris de deux cent quarante kilomètres par la voie fluviale et cent trente-six kilomètres par la voie ferrée, ce qui lui permet d'être un point de débarquement tout particulièrement avantageux pour les navires de mer qui apportent des marchandises à destination de Paris et de sa banlieue industrielle, ou de la région utilement desservie par le réseau de voies navigables qui aboutit à Paris et au trafic de laquelle le port de Rouen peut ainsi tenir lieu de première entrée et de sortie définitive. Sans vouloir insister sur la comparaison souvent faite entre Rouen et Hambourg, il est permis de penser que si les mêmes efforts financiers et autres qui ont été faits en Allemagne pour le développement du port de Hambourg avaient été faits en France pour le développement du port de Rouen, nous aurions à enregistrer pour celui-ci des résultats analogues à ceux qui sont enregistrés pour celui-là.

Le port de Rouen est divisé en deux parties, dont l'une en amont du pont Boïeldieu constitue le port fluvial, et dont l'autre, en aval du même pont constitue le port maritime.

Le port maritime comprend trois bassins :

1° Un bassin principal constitué par la Seine proprement dite ;

2° Un bassin aux bois entre la rive sud de la Seine et l'ancienne île Rollet dont la pointe amont a été reliée à la terre ferme, bassin ouvert par l'aval ;

3° Un bassin aux pétroles entre la même rive sud de la Seine et les îles Elie et Poutrel reliées ensemble, — bassin ouvert par l'aval comme le précédent.

La surface du bassin maritime principal est de trente-et-un hectares, celle du bassin aux bois de cinq hectares environ, et celle du bassin aux pétroles de douze hectares.

La surface du bassin fluvial est de onze hectares.

La longueur des quais est de trois mille huit cents mètres environ pour le bassin maritime principal et de mille quatre cent cinquante mètres environ pour le bassin fluvial. Le bassin aux bois et le bassin aux pétroles sont munis d'appontements spéciaux pour le déchargement des navires.

La profondeur dans le bassin maritime est de cinq mètres quatre-vingt à dix mètres, à basse mer de morte-eau ; dans le bassin fluvial elle varie entre trois et huit mètres.

La surface des terre-pleins des quais est de cinquante-huit hectares pour le port maritime et de deux hectares pour le port fluvial. Sur les terre-pleins du bassin maritime principal ont été aménagés en 1889 par les soins de la Chambre de Commerce, des hangars destinés à abriter les marchandises moyennant une légère redevance spéciale. Ces hangars ont une superficie totale de douze mille mètres carrés.

Le port est pourvu de magasins généraux et d'entrepôts. Sur la rive droite se trouve l'entrepôt réel des douanes et sur la rive gauche sont établies deux compagnies de magasins-généraux.

La manutention des marchandises dans le port s'effectue au moyen de grues à vapeur mobiles sur rails ou montées sur pontons appartenant à des particuliers et au moyen de grues hydrauliques installées par les soins de la Chambre de Commerce. En outre, deux grues fixes sont utilisables pour les manutentions des poids lourds.

Les quais des deux rives sont desservis sur toute leur longueur par trente kilomètres environ de voies ferrées qui les relient aux réseaux du Nord et de l'Ouest.

Pour la visite et la réparation des navires, la Chambre de Commerce a fait établir, il y a plusieurs années déjà, entre le bassin aux bois et le bassin aux pétroles un slipway du système Labert, composé de deux bers pouvant ensemble recevoir des navires de quatre-vingt-dix mètres de longueur. Ce slipway est manifestement insuffisant pour les besoins du port, aussi a-t-il été prévu dans le programme des travaux nouveaux à effectuer la création d'une cale de radoub.

Pour terminer, disons qu'à ne considérer que le mouvement de la navigation maritime et le trafic des marchandises, Rouen s'est tenu pendant ces toutes dernières années autour du chiffre annuel de deux millions de tonnes et se place ainsi au cinquième rang de nos grands ports de transit après Marseille, Le Havre, Bordeaux et Dunkerque.

BANQUET

A sept heures et demie, le Banquet terminal réunissait une dernière fois, dans les salons de l'Hôtel de France, tous les membres du Congrès. Une centaine de convives se trouvaient réunis.

M. Girod, délégué de M. le Ministre du Commerce, présidait. A la table d'honneur avaient pris place : MM. Lefai, président du Congrès ; Raoul Duchemin, adjoint au Maire de Rouen, représentant la Municipalité ; Denomaison, Président du Tribunal de Commerce de Rouen ; Jacques Siegfried, président de l'Union des Associations ; Héduit et Leverdier, membres de la Chambre de Commerce ; Capitaine Perrin, représentant le Général Servière.

Parmi les notabilités : MM. Robert et Houzard, adjoints au Maire de Rouen ; Boissière et Olivier, membres du Conseil municipal ; Lecaplain, directeur de l'Ecole des Sciences ; Boulnois, directeur de l'Ecole Supérieure de Commerce ; Canonville-Deslys, Président de la Société Normande de Géographie ; les Présidents et Délégués des Associations françaises et étrangères ayant pris part aux travaux du Congrès, et un grand nombre de membres de l'Association de Rouen.

Au dessert, M. Girod, délégué de M. le Ministre du Commerce, ouvre la série des toasts et s'exprime en ces termes :

Messieurs,

Il est d'usage, dans les banquets officiels, que le Représentant du Gouvernement porte un toast au Chef de l'Etat. Je le fais avec d'autant plus de plaisir que mes sentiments personnels sont ceux de l'admiration la plus sincère pour cet homme de bien qui incarne d'une façon si frappante la Démocratie républicaine. (Bravos.) L'estime et la sympathie qui l'entourent ont dépassé les frontières, il y a déjà longtemps de cela. Il y a quelques mois, la Russie se pressait sur ses pas ; tout dernièrement, il faisait frémir de joie la France mahométane ; hier encore, le peuple le plus calme, le plus froid de la terre, l'acclamait avec un enthousiasme qui nous a d'abord quelque peu surpris, mais qui nous est allé droit au cœur. (Applaudissements.)

Honneur donc à M. Emile Loubet, premier Citoyen de notre Pays !... (Nouveaux applaudissements.)

Je veux associer au nom du Chef de l'Etat le nom de M. Trouillot, mon concitoyen du Jura, Député de Lons-le-Saulnier, qui m'a délégué pour le représenter à cette solennité comme Ministre du Commerce et de l'Industrie. Je lève mon verre à M. Trouillot, Ministre du Commerce, de l'Industrie, des Postes et des Télégraphes. (Applaudissements.)

Maintenant que vos travaux sont terminés et que nous allons nous séparer, permettez-moi de vous adresser mes remerciements les plus sincères. Vous attendiez un Ministre : c'est moi qui l'ai remplacé, bien imparfaitement, sans doute ; mais vous m'avez accueilli avec une cordialité charmante dont je vous suis très reconnaissant. (Bravos.) J'ai suivi tous vos travaux avec le plus vif intérêt ; j'ai appris à vous mieux connaître et à mieux comprendre le but que vous poursuivez. Aussi votre œuvre a-t-elle gagné toutes mes sympathies.

J'aurais voulu, pour mon prestige de Délégué de Ministre et pour mon grand plaisir, avoir l'occasion d'offrir des distinctions honorifiques à quelques-uns d'entre vous. Hélas ! malgré mes démarches personnelles, malgré l'insistance de la Préfecture, le Ministre n'a pas voulu se départir de la règle qui veut que les décorations ne soient remises que par le Ministre lui-même. J'espère, toutefois, qu'à la promotion de janvier, qui n'appartient pas exclusivement aux Universitaires, nous aurons le plaisir d'applaudir à de justes réparations. (Longs applaudissements.)

TOAST DE M. CH. LEFAI

Président du Congrès & de l'Association de Rouen

Messieurs et chers Camarades,

Si nous sommes un peu fier de notre Congrès, vous voudrez bien nous le pardonner, car c'est votre faute à tous.

Si nous avons eu la bonne pensée de vous adresser une invitation, vous avez eu celle meilleure encore d'y répondre.

Je vous en remercie bien sincèrement, Messieurs et chers Camarades, au nom du Comité d'organisation, qui en gardera un ineffaçable souvenir.

Avant de clôturer ce Congrès, je voudrais pouvoir, Messieurs, vous remercier personnellement ; je recule devant cette tâche, dans la crainte d'en oublier, et des meilleurs.

Je voudrais pourtant prier M. le Délégué du Ministre du Commerce d'être notre interprète auprès de ce dernier pour lui rappeler combien l'Association de Rouen est honorée de son acceptation et touchée de tout l'intérêt que M. le Ministre porte aux questions se rattachant aux Ecoles Supérieures de Commerce et à leurs Associations.

Je voudrais aussi remercier tout particulièrement la Municipalité de Rouen pour son encouragement à notre œuvre — M. le Maire de Rouen lui-même dans la personne de M. Duchemin, son représentant — pour l'honneur qu'il nous a fait de recevoir aussi solennellement nos Congressistes.

La Chambre de Commerce, pour son concours à nos travaux et pour la façon si gracieuse avec laquelle elle a mis à notre disposition son vaste local, qui fait l'admiration des étrangers ;

MM. les Directeurs et Propriétaires des Etablissements industriels: MM. de Moor, de la Société Cotonnière ; Besselièvre, Delaporte, qui ont contribué à ce que ce séjour soit à nos invités tout à la fois intéressant, utile et agréable.

Je remercie aussi la Presse, dont le dévouement nous a toujours été acquis et qui, cette fois encore, s'est multipliée pour répondre à nos exigences et nous a fait l'honneur de suivre nos travaux et de s'y intéresser.

Merci à tous, Messieurs, de votre bon concours.

Je crois être votre interprète en acclamant à nouveau le toast que vient de porter M. le Délégué du Ministre.

Je lève mon verre :

A M. le Président de la République, qui, comme ses prédécesseurs, a, par sa présence chaque année au Bal de l'Union et par ses dons généreux, prouvé tout l'intérêt qu'il porte à notre œuvre ;

A M. le Ministre du Commerce ;

A vous, Messieurs les Délégués, aux Congressistes, à nos Ecoles Supérieures de Commerce, à tous nos Camarades. (Vifs applaudissements.)

TOAST DE M. R. DUCHEMIN

Adjoint au Maire de Rouen

Messieurs,

M. le Maire de Rouen m'a fait le très grand honneur de me confier la mission de le représenter à la cérémonie qui nous réunit ce soir. J'ai accepté avec empressement ; car, à mes sentiments personnels, je tenais à ajouter l'appui moral et le témoignage de la particulière sympathie de l'Administration municipale pour votre Association.

Le but qu'elle poursuit mérite les encouragements de tous, je ne veux retenir pour l'instant qu'un point des multiples résultats qu'elle se propose d'obtenir : aider à l'extension du commerce français tant à l'intérieur que dans les colonies et à l'étranger.

Nous n'en sommes plus, en effet, aux temps déjà reculés où commerçants et industriels se contentaient d'écouler leurs produits sur leur marché, dans leur pays; une plus grande activité s'impose; il faut que chacun d'eux se crée de nouveaux débouchés, que des relations nombreuses s'établissent.

Vous avez compris, Messieurs, que si nous nous condamnions à l'isolement, c'en serait fait du commerce de notre beau pays ; aussi, vous avez réuni vos efforts, vous vous êtes groupés sous l'égide de votre Association, pour agrandir le champ d'action sur lequel doit s'exercer votre énergie commerciale.

Dans nos réunions particulières, dans nos Congrès, des vues ont été échangées, des idées ont été discutées avec la plus grande clarté et avec la plus grande compétence; il en sortira, j'en suis certain, autre chose que des vœux platoniques émis, mais des résultats féconds.

L'Union des Associations des Anciens Elèves des Ecoles de Commerce poursuit un autre but non moins louable que celui dont je viens de vous entretenir : aider les Anciens Elèves, en les patronnant à leur sortie de l'Ecole et en leur facilitant la recherche d'une position.

Il ne m'appartient pas de vous donner en chiffres exacts les résultats obtenus; qu'il me suffise de vous dire qu'ils sont excellents.

Le rôle de l'Union, en ce qui concerne le placement, est appelé à devenir de plus en plus important par suite de l'augmentation du nombre des Associations, mais il importe de ne rien négliger pour que son action soit aussi efficace que possible. Il est nécessaire de provoquer des groupements d'Anciens Elèves, non seulement en France, mais à l'étranger; d'entretenir entre ces groupements des relations amicales, par des réunions, des conférences, des fêtes familiales, etc.

Grâce à ces différents moyens, et à l'aide des commerçants, des industriels, des membres des Chambres de Commerce, l'Union réussira à assurer le placement des Anciens Elèves.

L'Enseignement Commercial nous semble aujourd'hui tout naturel, mais longtemps l'opinion publique avait douté de son utilité; on ne croyait pas que le commerce pût être enseigné; il semblait que la pratique devait suffire. Aujourd'hui, on a compris que l'homme qui a été préparé par l'étude marchera plus sûrement dans sa voie, et qu'après une courte pratique, il acquerra une supériorité incontestable. C'est ce qu'avait pensé en 1871, au lendemain de nos désastres, le Comité qui élaborait le projet de l'installation d'une Ecole de Commerce à Rouen. Cette création était imposée par les besoins de plus en plus grands de la vie commerciale de notre cité.

L'amélioration du port avait élargi l'horizon de nos commerçants et de nos industriels, il fallait donc préparer une nouvelle génération, capable de surmonter les réelles difficultés du négoce, lui faire acquérir une somme de connaissances qui s'enseignent dans une Ecole, et qui ne peuvent s'enseigner que là. L'Ecole de Commerce de Rouen fut créée, mais elle n'eût, vous le savez, qu'une durée de quelques années si bien qu'en 1886, un auteur bien connu dans le monde commercial pouvait dire : « L'Ecole peut être considérée comme perdue, à moins d'un miracle... qui s'opérera, nous l'espérons, sous forme d'une résurrection définitive ».

L'espérance est devenue une réalité; l'Ecole de Commerce est en effet plus prospère que jamais. C'est avec un véritable plaisir que nous avons assisté à ce renouveau de l'Enseignement Commercial, dont l'utilité se fait de plus en plus sentir à Rouen.

Je vous demande pardon d'avoir retenu votre attention aussi longtemps sur l'Ecole de Commerce de Rouen; vous excuserez le légitime orgueil que j'éprouve en voyant couronnés de succès les efforts de tous ceux qui ont contribué à faire revivre notre établissement commercial.

Aussi, combien je suis heureux de voir à la tête de l'organisation de ce Congrès les Anciens Elèves, mes anciens condisciples devenus aujourd'hui : qui commerçants, qui industriels, qui armateurs, etc. Leur présence ici est la preuve de tout l'intérêt qu'ils attachent à l'enseignement particulier qu'ils ont reçu et la consécration du résultat qu'on pouvait espérer en obtenir.

Messieurs, je lève mon verre en l'honneur de M. Jacques Siegfried, président de l'Union des Associations des Anciens Elèves des Ecoles de Commerce, dont chacun apprécie la haute compétence en matière d'Enseignement Commercial; je porte la santé des organisateurs du Congrès qui n'ont ménagé ni leur temps, ni leur peine pour en assurer la complète réussite; je bois aux délégués étrangers qui ont honoré la Ville de leur présence, au Président de votre Association, à la Presse, qui a bien voulu publier toutes les communications relatives au Congrès, à la prospérité de la Ville de Rouen et à sa population maritime, commerciale et industrielle. (Vifs applaudissements.)

TOAST DE M. JACQUES SIEGFRIED

Président de l'Union des Associations

Messieurs et chers Camarades,

J'ai déjà assisté à un assez grand nombre de Congrès de l'Enseignement Commercial, depuis le premier qui a eu lieu en 1886 à Bordeaux, et qui avait été provoqué par l'Association Philomatique, si connue, de cette ville. A la fin de chacun de ces Congrès, j'ai pris l'habitude de faire mon examen de conscience, de me demander quels enseignements il en ressortait, afin que le Congrès suivant puisse être supérieur à celui qui venait de se terminer. Il en est résulté que les organisateurs des différents Congrès sont presque toujours venus me demander des conseils sur la manière d'organiser leurs réunions. J'ai toujours répondu du mieux que je pouvais. Mais, à partir d'aujourd'hui, si l'on vient encore me consulter, ma réponse sera des plus facile. Je dirai : « Priez les Rouennais d'organiser votre fête, et vous êtes assurés du succès. » (Rires et applaudissements.)

En effet, jamais je n'ai vu un Congrès aussi bien réussi que celui-là. Pour quelle raison?... Tout simplement parce que les organisateurs se sont donné beaucoup de peine à l'avance pour bien régler tout. Ils ont si bien réglé les choses, tout était fait si ponctuellement et si méthodiquement que, dois-je vous l'avouer?... — ma montre ne marchait pas très bien ces jours-ci, elle s'arrêtait de temps en temps; — chaque fois qu'elle s'arrrêtait, je sortais de ma poche le programme du Congrès, et je me disais : « Comme on fait telle chose en ce moment, il est telle heure. Je remettais ma montre à l'heure et j'étais sûr d'arriver toujours à temps à tous les rendez-vous. (Applaudissements.) C'est pourquoi, Messieurs, tantôt, vers cinq heures et demie, ma montre s'étant arrêtée, je ne connaissais plus l'heure; mais, comme nous descendions du bateau et que, d'après le programme, le bateau devait accoster à six heures, j'ai mis ma montre à six heures et je suis arrivé ici à l'heure fixée pour le banquet. (Nouveaux applaudissements.)

Une seconde constatation doit être encore faite à la suite de ce Congrès. Les délibérations, les discussions ont été telles que nous devrons, à mon avis, lors de notre prochain Congrès, quel que soit le lieu où il se tiendra, convoquer tous nos Députés. Ils y apprendront beaucoup de choses. Ils apprendront d'abord à s'expliquer clairement, simplement, d'une façon correcte et sans grands gestes. S'ils ont besoin de guides, ils n'auront qu'à prendre, parmi les anciens, M. Pagnon, et, parmi les jeunes, M. Clamageran. (Rires.) Ensuite, ils parleront tous admirablement. (Nouveaux rires et applaudissements.) Et puis, ils verront qu'il n'y a pas besoin de donner des coups de poings sur les pupitres — quand ce n'est pas sur les collègues. (Rires.) Pour convaincre des adversaires, ils n'auront qu'à consulter Pathier. (Nouveaux applaudissements.)

Enfin, Messieurs, un autre résultat qui se dégage pour moi du Congrès de Rouen, c'est la conviction que l'Union est appelée à de nouveaux devoirs. Vous nous avez témoigné, à nous, membres de l'Union des Associations, une telle confiance, une telle affection, que nous en avons été profondément touchés. Comme Président, je suis sûr d'être l'interprète de tous mes collègues en vous remerciant chaleureusement du bon accueil que vous nous avez fait et de l'affection que vous nous avez témoignée. (Applaudissements prolongés.)

Nous ferons de notre mieux pour justifier ce bon accueil et cette sincère affection. Depuis longtemps, dans ces dernières années surtout, nous nous sommes donnés de tout cœur à la tâche que nous avions assumée, et nous en sommes extrêmement heureux aujourd'hui, parce que nous sommes certains d'avoir parmi vous nos meilleurs soutiens. (Applaudissements.)

Enfin, Messieurs, comme je ne voudrais pas retenir plus longtemps votre attention ni abuser de votre patience (vives protestations), je vous dirai qu'une dernière constatation ressort pour moi du Congrès d'aujourd'hui. Jusqu'à présent, toutes les fois que nous nous adressons aux Congressistes, nous disons « Messieurs et chers Camarades »» Dorénavant, nous commencerons comme je vais terminer ce soir : « Messieurs et chers Amis. » (Salve d'applaudissements.)

TOAST DE M. DENOMAISON

Président du Tribunal de Commerce de Rouen

Messieurs,

Le sympathique président de votre Association nous a énuméré tout à l'heure les vicissitudes par lesquelles a passé votre Ecole depuis sa fondation. Après une époque de prospérité nouvelle depuis la réouverture de 1896, il est à craindre qu'elle ait à subir une nouvelle crise par suite de l'adoption de la loi militaire de deux ans. C'est donc bien le moment, pour ceux qui s'intéressent à votre Société, d'exprimer leur sentiments sur la situation.

Je tiens d'autant plus à le faire que le président du Tribunal de Commerce, heureux d'assister à votre belle fête, tient à compter parmi vos amis. Et ce sera justice, comme on dit au Tribunal, car vos Ecoles de Commerce, par les horizons qu'elles ouvrent, par l'enseignement qu'elles donnent, constituent la meilleure préparation aux fonctions consulaires. Au Tribunal, quand on affirme un fait, il faut le prouver : je fais la preuve par l'exemple de mon collègue, M. Fichet, que j'aperçois ici. (Applaudissements.)

Messieurs, je vous ai parlé tout à l'heure du service de deux ans, et je vous ai dit que je craignais que cette loi ne soit une nouvelle épreuve pour vous. Je m'empresse d'ajouter que j'ai la conviction que vos Ecoles de Commerce sortiront victorieuses de cette épreuve, car je ne veux pas croire que ce qui a fait la vogue de vos Ecoles de Commerce ce soit la perspective d'échapper pendant deux ans au service militaire. Je crois au contraire que ce qui a fait leur succès, c'est la conviction qu'ont tous les commerçants qu'il ne suffit pas d'être commerçant pour avoir la science infuse, comme on le croyait en 1830, époque à laquelle nos grands-pères disaient : « On ne fait pas un commerçant; on naît commerçant, ou on ne l'est jamais ».

C'était une erreur, erreur profonde reconnue depuis longtemps par tous. Aujourd'hui, il est admis que l'étude peut parfaitement faire un commerçant, et, pour me servir d'un mot de M. de Molins, je dirai « qu'on ne fait un bon commerçant que si l'on est passé par une Ecole de Commerce. »

Je voudrais que ces paroles soient bien comprises; je voudrais que les pères de famille soient bien convaincus de cette nécessité et prennent la détermination d'acheminer leurs enfants, une fois leurs humanités terminées, vers les Ecoles de Commerce, au lieu de les acheminer, comme ils le font trop souvent, vers le Droit et vers la Médecine. (Applaudissements.)

Aussi, je vous demande la permission, après avoir porté la santé des organisateurs de ce Congrès, de vous prier de lever nos verres à l'avenir et à la prospérité de votre Ecole de Commerce. (Applaudissments répétés.)

TOAST DE M. KREUTZER

Délégué Hongrois

Messieurs,

Je suis extrêmement touché de l'accueil que vous m'avez réservé. Je vous remercie pour ma personne, pour moi-même ; je vous remercie pour le pays que j'ai l'honneur de représenter ici. (Applaudissements.)

Je suis venu ici dans la conviction que j'apprendrais des choses utiles, que j'entendrais des choses très intéressantes, et, après le Congrès, je vois que toutes mes espérances sont dépassées.

Je vais exprimer un vœu ; je vais vous rappeler un poème de Longfellow : « The ships to pass of night » (Les navires qui se rencontrent la nuit). Il dit que les navires se rencontrent, se saluent et se quittent tout de suite pour ne plus se revoir. J'espère qu'après ce Congrès, où nous avons constaté qu'il est nécessaire d'établir des relations internationales, on ne pourra pas appliquer ce texte du poète américain.

Je veux exprimer le vœu, non par un procès-verbal, mais parce qu'il est dans nos esprits et dans nos cœurs de Hongrois, que nous aurons plusieurs fois l'occasion de travailler sérieusement et de nous rencontrer ainsi près de la table blanche, avec le verre dans nos mains, avec le feu dans nos yeux et avec nos sentiments de sympathie dans le cœur. (Applaudissements.)

Je lève mon verre, Messieurs, à cette solidarité; je lève mon verre à votre bonne santé, Messieurs, et à la gloire de votre pays deux fois sacré par le génie et par l'amabilité. (Applaudissements prolongés.) Vive la France ! ! !... (Double salve d'applaudissements.)

TOAST DE M. OTTO BJELKE

de l'Université de Christiania

Messieurs,

Après les paroles de mon ami, M. Kreutzer, il m'est bien difficile d'ajouter quelque chose, sinon que j'ai les mêmes sentiments dans le cœur. Mais je tiens, comme je viens de Christiania, à remercier le Président du Comité d'organisation de ce Congrès d'avoir bien voulu inviter notre Association. Pour moi, cela a été un double plaisir, puisque j'y ai retrouvé un certain nombre d'éminents collègues que j'avais vus à Paris en 1900. Je lève mon verre en l'honneur du Président Lefai. (Applaudissements).

TOAST DE M. PATHIER

Délégué de l'Association de Paris

Messieurs,
Mes chers Camarades,

C'est au nom de toutes les Associations d'Anciens Elèves des Ecoles Supérieures de Commerce de France que je prends la parole, et je remercie mes camarades de toutes ces Ecoles de m'avoir désigné pour présenter à nos amis de Rouen nos sincères félicitations à l'occasion du vingt-cinquième anniversaire de la naissance de leur Association.

Vous avez été bien inspirés en organisant, pour fêter cette date, un Congrès International des Anciens Elèves des Ecoles Supérieures de Commerce.

Nous ne saurions trop vous être reconnaissants de la tâche que vous avez entreprise et que vous avez su mener à bien.

Nous nous rendons compte des difficultés surmontées, du travail accompli, et nous pouvons vous dire que les Associations n'oublieront pas — sans parler de l'accueil charmant fait à leurs Délégués — que vous avez augmenté leur patrimoine moral par le succès de ce Congrès, qui laissera des traces durables dans l'histoire de nos Associations.

Je n'essaierai pas ici de rappeler, ni même de résumer les travaux du Congrès — le compte rendu en sera certainement publié ; — mais, en attendant, je suis heureux de remercier M. Clamageran, qui a rédigé les procès-verbaux de nos séances d'une plume élégante et précise.

Les Congrès sont des expositions d'idées.

De ces idées, beaucoup, comme les graines lancées par le semeur, sont emportées et dispersées par le vent; mais quelques-unes s'accrochent au sol, y prennent racine et produisent des fruits.

C'est le vœu que nous formulons pour le Congrès de Rouen ; il est impossible que la réunion des hommes dévoués et compétents qui ont participé à ce Congrès ne produise pas des résultats heureux au point de vue des œuvres de solidarité et d'Enseignement Commercial auxquelles nous nous intéressons.

Je lève mon verre au succès de ces idées et je remplis un strict devoir en remerciant tous nos camarades de Rouen, et particulièrement MM. Lefai et Le Mercier, des égards charmants qu'ils ont eus pour nous pendant les trois journées que nous venons de passer. Nous redirons à nos Associations l'accueil affectueux que nous avons reçu.

Nous vous en sommes profondément reconnaissants.

La ville de Rouen, par ses admirables monuments, par sa situation privilégiée, par son industrie et son commerce, était tout indiquée pour la réunion d'un Congrès International d'Enseignement Commercial.

Il est bon de rappeler ici que c'est de Rouen que sont partis, au XIVe siècle, en même temps que de Dieppe et de La Rochelle, les hardis marins qui fondèrent sur la Côte d'Afrique nos premiers comptoirs et notre première colonie.

Et, pour terminer, je ne saurais mieux faire qu'en levant mon verre à la ville de Rouen et en rappelant les beaux vers de Victor Hugo placés en tête du charmant opuscule qui nous a été offert au début de ce Congrès. Vous me permettrez bien d'appeler la poésie à mon aide, car les poètes ont forcément droit de cité dans la patrie de Corneille.

Au nom de toutes les Associations d'Anciens Elèves des Ecoles Supérieures de Commerce, je lève mon verre à Rouen,

La ville aux vieilles rues,
Aux vieilles tours, débris des races disparues,
La ville aux cent clochers carillonnant dans l'air,
Le Rouen des châteaux, des hôtels, des bastilles
Dont le front hérissé de flèches et d'aiguilles
Déchire incessamment les brumes de la mer.

(Vifs applaudissements.)

TOAST DE M. FRANCK

Ancien Président de l'Association de Rouen

Messieurs,

Je demanderai aux hôtes aimables et distingués qui ont répondu à notre appel de vouloir bien me permettre de causer un peu de nos petites affaires intimes. Si, depuis plusieurs jours, on s'agite ici dans les discussions savantes d'un grave Congrès, il ne faut pas oublier que ce Congrès a lieu à l'occasion du vingt-cinquième anniversaire de la fondation de notre Association. On nous reprochera peut-être de n'être pas modestes : la modestie est bonne en paroles; elle est mauvaise en actes.

J'ai eu l'honneur d'être le premier Président, le Président fondateur de l'Association de Rouen; vous me permettrez bien d'être fier en examinant le chemin parcouru. Quand je vois ce que nous avons fait depuis cette époque déjà lointaine (nous avions vingt ans, et certains des membres actuels de notre Association n'étaient même pas nés, je pense que nos efforts n'ont pas été vains. Nos travaux, à l'époque de la fondation de l'Association, n'avaient ni la gravité, ni la fécondité de ceux auxquels vous vous livrez aujourd'hui : ils étaient souvent troublés par des soucis profanes. (Sourires.) Dans nos réunions de Comité, nos discussions étaient parfois émaillées de questions qui n'avaient rien d'administratif, mais nous avions la Foi et l'Espérance, deux vertus théologales ; nous avions la foi et l'espérance en l'avenir, et l'avenir nous a donné raison, puisque, parmi les fondateurs de l'œuvre, parmi les ouvriers de la première heure, quelques-uns sont encore ici, continuant à nous donner l'exemple d'un zèle inaltérable et d'une persévérance à toute épreuve. (Applaudissements.)

Il en est deux d'entre eux à qui je tiens à porter plus spécialement une santé : ce sont deux modestes, mais ce sont deux dévoués, deux constants, que rien n'a jamais pu faire faiblir. Il y a notre vieil ami Gaston Lévy, qui, depuis vingt-cinq ans, est Commissaire de tous nos banquets, fonction dont il s'acquitte très bien. (Bravos.) Il y a notre autre ami Lenormand, qui, depuis vingt-cinq ans, est trésorier de l'Association et nous « tape » avec une régularité chronométrique.

Je les ai laissés à leur poste il y a vingt ans ; je les y retrouve aujourd'hui, toujours aussi actifs, toujours aussi confiants. C'est la constance même, c'est l'effort persévérant de ces fondateurs, continuant imperturbablement la même œuvre, qui ont assuré le succès de cette œuvre. (Bravos.) Si modestes qu'ils soient, j'ai tenu à prononcer leurs noms pour que nous levions nos verres en leur honneur et pour que nous leur affirmions à nouveau toute notre amitié. (Vifs applaudissements.)

TOAST DE M. GASTON LÉVY

Messieurs,

Au risque d'allonger la séance, je tiens à remercier notre ami Franck des paroles qu'il a bien voulu nous adresser, à Lenormand et à moi. Je regrette de ne pouvoir être assez éloquent pour remercier comme il convient celui qui a été l'âme de ce Congrès, notre camarade Le Mercier. (Applaudissements.) Voilà dix-neuf ans qu'il travaille à l'Association, et c'est lui qui s'est occupé de tout dans l'organisation de ce Congrès, où il n'a négligé aucun détail. Il doit être fier aujourd'hui ; mais, comme il a été assez longtemps à la peine, je tenais à vous demander un ban en son honneur. (Applaudissements longuement répétés.) — (Un banc est fait en l'honneur du camarade Le Mercier).

TABLE DES MATIÈRES

ROUEN. — IMPRIMERIE SCHNEIDER (CH. CHARLET, SUCCESSEUR)
50, RUE DE LA GROSSE-HORLOGE

www.ingramcontent.com/pod-product-compliance
Ingram Content Group UK Ltd.
Pitfield, Milton Keynes, MK11 3LW, UK
UKHW022058260726
13993UKWH00001B/200

9 782019 945497